プーチンとG8の終焉

佐藤親賢
Chikamasa Sato

岩波新書
1594

はじめに

ロシアによるウクライナ南部クリミア半島の一方的編入から半年ほどが過ぎた二〇一四年九月九日、ロシアで最大規模の発行部数を誇る大衆紙『モスコフスキー・コムソモーレッツ』（電子版）に「プーチンは神か？」と題する記事が載った。深夜、モスクワの中心部キタイ・ゴロドの一角でドミトリー・エンテオと名乗る男が、ロシア大統領ウラジーミル・プーチンは「人間の姿をした神」だと説く講演の様子を取材したものだ。マイクを握ったひげ面のエンテオはプーチンを「生身の体に不滅の魂を宿し、創造主から与えられた偉大な課題を達成するにふさわしい男」と呼び、最初は自らの使命に気付かなかったプーチンにあるとき神が入り込み「彼の運命を決めた」と主張した。「プーチンを称える正教の運動は国教になれるでしょうか？」という会場からの質問にエンテオは「すべてのことは起こり得る」と答えたという。エンテオは「神の意思」という、ロシア正教を支持する運動のリーダーで本名をツォリオノフといい、妊娠中絶に反対するデモやキリスト教を風刺する表現活動への激しい抗議行動で知られるようになった人物だ。エンテオは一年後の一五年九月、前月にモスクワの「赤の広場」近くで開かれたソ連時代の抽象芸術展示会に仲間と共に「乱入」し、展示が宗教の冒瀆に当たるとして主催者側職員に暴行を働いた容疑で逮捕され、一〇日間拘留されている。

ロシアがソ連時代に失った領土クリミアを二〇一四年三月に取り戻した直後、プーチンの支持率は八〇%を超えた。クリミア編入を「力による現状変更で国際法違反」と非難した欧米や日本の制裁で国際的に孤立したロシアの国内世論は急速に右傾化し、反米・愛国的な感情が高まった。「反プーチン・デモ」の逆風の中で一二年五月に大統領に復帰した時、一八年にプーチンがもう一度当選するのは難しいとの見方もあったが、クリミア編入で始まったウクライナ危機でロシア社会の雰囲気は一変した。「神」とまで呼ばれるプーチンの後継問題は話題にすら上らなくなった。

前著『プーチンの思考』(岩波書店、二〇一二年)で筆者が取り上げたプーチン復帰までのロシアと、「クリミア編入後」のロシアでは政治的、社会的状況が変わり、またロシアを取り巻く国際情勢も大きく変わった。部隊を投入して主権国家の領土の一部を編入したロシアに対し、米国や欧州連合(EU)はなすすべがなかった。世界の舵取りをしていた主要国(G8)の枠組みから排除されたロシアは台頭する中国との同盟関係強化を図り、欧米中心の国際秩序に挑戦している。ウクライナ危機に際して「核兵器を使用する準備ができていた」と認めたプーチンを「帝国主義者」と非難し、ナチス・ドイツの指導者ヒトラーになぞらえる意見すらある。

しかし、その発言や行動を見ていると、プーチンが目指しているのは「祖国ロシアの防衛」であって領土拡張や覇権主義ではないという基本的な認識は今も変える必要がないと思う。プーチン路線の基本は、冷戦終結後の「米国中心の世界秩序に対する不服従」である。インターネット嫌いで知られるプーチンは、米国主導の「グローバル化」に反対する潮流を体現していると言ってもよい。ウクライナ危機を契機にロシアが急に変わったのではなく、環境の激変がプーチンをクリミア編入という大きな賭けに踏み切らせ、その余波がウクライナ東部の泥沼の紛争という形で現れていると見るべきだろう。ウクライナ問題への介入は、厳しさを増す国際情勢の中でロシアの生き残りを図るプーチンの窮余の策という色彩が濃い。本書はそのことを明らかにしていく。

プーチンには「ロシアはソ連崩壊によってばらばらにされた分断国家」だという認識があり、その統合の回復が自身に与えられた歴史的使命だと考えている節がある。クリミア編入もその一環だろう。だとすれば、ロシアの周辺にはソ連崩壊後にロシア編入を求めて半独立状態にあるロシア系住民中心の地域がいくつかあり、これらの帰属問題をめぐってロシアが今後も実力行使に出る可能性は排除できない。その場合、ウクライナ危機やシリアの内戦などで大きく動揺している世界情勢はさらに混迷する恐れがある。

「クリミア編入後」のロシアはどこへ向かうのかという問いに一定の答えを得るには、まずクリミア編入と、その後のウクライナ東部の親ロシア派とウクライナ政府軍による「内戦」がなぜ起きたのか、これらの出来事にプーチンのロシアはどのように関与したのかを検証する必要がある。それが、「世界で最も影響力のある人物」ともいわれるプーチンと、「大国」として復活したロシアが国際社会の中で今後どう動くのかを予測することにつながるだろう。

筆者は二〇〇三年末から〇七年初めまでと、〇八年九月から一二年末までの二度、通信社の特派員としてモスクワで勤務し、〇四年にはウクライナの民主化運動「オレンジ革命」を現地で約一カ月間取材した。その後もウクライナという国がロシアとその他の旧ソ連圏の中で占める重要性を常に感じ、その動向に関心を持ってきた。この本を書きながら、クリミアをロシアに実効支配され、東部で分離独立派が活動を続けるウクライナの今後が、ロシアの将来に決定的な影響を与えることは間違いないとあらためて確信している。そして、米国主導の世界秩序に対抗しようとするロシアの動向が、これからも国際社会を揺さぶり続けるであろうことにも疑いの余地はない。狭い海峡で隔てられているとはいえロシアの隣国であり、また領土問題を抱える日本にとって、ロシアと今後どうつきあっていくのかは重要な外交上の課題となるはずである。

なお、本書に書かれている内容は筆者個人の見解であり、筆者が所属する団体や組織の立場とは直接の関係はなく、記述内容には筆者が責任を負うべきものであることを明記しておく。また、ロシアによるクリミア実効支配をどう表記するかは用語自体が政治的立場を反映しているため、本書では原則として「編入」という言葉を使い、発言者の言葉を引用する場合には可能な限り本人が選択した用語を直接翻訳することとしたい。

目　次

序　章

「戦後70年」の国際社会

2013年，G8ロックアーン・サミットが開かれた英国・北アイルランドで会談したプーチンとオバマ（提供：ロイター＝共同）

1　秩序の構造的変化

「G7とは関係ない」

二〇一五年六月一〇日、ミラノ万博開催中のイタリアを訪問しレンツィ首相と会談したロシアのプーチン大統領は、前年三月のクリミア編入宣言直後に先進七カ国(G7)から主要国(G8)会合への参加を停止されたことについて記者会見で質問され、「G7とは何の関係もない」と言い切った。

プーチンは「ロシアはG8に積極的に参加した。ほかの七カ国とは別の視点を提示し、そのことに意味があると思っていたが、彼らはそれを不要と考えた。あれは組織ではなく、利害に基づくクラブにすぎない」と喝破した。さらに「もっと広い枠組みの二〇カ国・地域(G20)がある。われわれはBRICSや「上海協力機構」に加わっており、国連と安全保障理事会にも積極的に関わっていく。もちろん、G7諸国との二国間関係は発展させていくつもりだ」と続けた。「G7の健闘を祈る」と付け加えたプーチンの言葉は、G8への決別宣言だった。直前にドイツで開かれたロシア抜きのG7首脳会議(サミット)から戻ったばかりのレンツィがあわてて「ロシアはテロなどの国際的脅威に対抗するために欧州や米国と共にあったし、これからもそうだ」ととりなしたが、後の祭りだった。「G8の時代」は名実共に終わった。

一九七五年、石油危機後の世界経済を話し合う場としてパリ郊外ランブイエで初めて開かれたフランス、米国、英国、西ドイツ(当時)、日本、イタリアの首脳による「先進国首脳会議」はその後カナダと欧州連合(EU)が加わり、先進国が集まる「エリート・クラブ」となった。討議内容も経済問題から次第に政治・安全保障分野へと拡大し、世界の重要課題が話し合われ合意されるため、G7は常任理事国同士の対立や拒否権行使で迅速な意思決定ができないことが珍しくない国連安全保障理事会に代わる「非公式の国連安保理」とも呼ばれた。

九四年からはロシアが政治討議に参加して事実上G8となり、二〇〇〇年の九州・沖縄サミットでG8デビューを果たしたプーチンも、〇六年七月に故郷でロシア初のサンクトペテルブルク・サミットを主催するなど、G8参加を「大国の証し」ととらえていた。しかし実際には、米国と関係が良好な国々で構成されるG8の中でロシアは孤立する場面が多かった。全会一致を原則とする合意文書の作成でも譲歩を強いられ、ロシアは次第にG8への不満を募らせていった。

プーチンは大統領に復帰した直後の一二年五月に米キャンプデービッドで開かれたG8サミットを多忙を理由に欠席している。翌一三年の英国・北アイルランドでのロックアーン・サミットでプーチンが六年ぶりにG8サミットに復帰したとたん、欧米とロシアの亀裂が表面化した。アサド政権と反体制派の内戦が深刻化していたシリア情勢をめぐり、反体制派を支持しアサド退陣を主張する欧米各国首脳と、「主権国家の体制転換を外部から強いるのは国際法違反だ」としてアサド政権を擁護するプーチンの対立が解けず、明確な姿勢を打ち出せなかったサミットは、G8ではなく「G7プラス1だった」(カナダのハーパー首相)と評された。G8崩壊の予兆は既にこの頃からあった。

中印の台頭、ロシアの復活

G8崩壊の原因の一つは、ソ連崩壊で大国の地位から転落したロシアの経済、軍事、外交面での復活だ。民主主義や人権尊重などの点で欧米と価値観を共有しているとは言い難いロシアをG7に入れG8としたのは、政治的民主化と市場経済を受け入れて国内の保守派と激しく闘争していたロシアのエリツィン政権を支援し、改革を後戻りさせないためだった。換言すれば、欧米に逆らわないロシアならG8にいてもらって構わない、ということだ。しかし高度経済成長を実現してソ連時代の対「西側」債務を完済し軍備増強に本腰を入れ始めた「プーチンのロシア」は米国の「単独行動主義」に強く異を唱え、イラク戦争やリビアのカダフィ政権崩壊などで米国を厳しく非難するようになった。また二〇〇八年のグルジア(日本政府は一五年にジョージアと呼称変更)との軍事紛争のように、立ち直ったロシアは周辺国にとって再び現実の軍事的脅威となり始めた。一四年のクリミア編入強行は、もはや欧米の言いなりにはならないというロシアの意思表示でもあった。

もう一つの要因は、中国やインドなどG8に加盟しない「新興国」の急速な経済発展である。中国は二〇一〇年に国内総生産(GDP)で日本を抜き、米国に次ぐ世界第二の経済大国となった。インドも一九九一年度から二〇〇八年度まで年平均六・八%の高成長を実現した。米国発のリーマン・ショックで引き起こされた〇八年の世界金融危機への対応を話し合うには先進国主体のG8では足りず、経済成長で発言力を増した中国やインド、ブラジルなど新興国を加えた二〇カ国・地域の首脳が「金融サミット」の名で初めて米ワシントンで緊急会合を開き、これが定例化されてG20となった。経済の分野では、新興国のいない場では実りある話し合いができなくなった。G20の定例化に伴ってG8の影響力が相対的に薄れるのは当然だった。G8で居心地の悪さを感じていたロシアが、BRICSなどの枠組みで協力を深めた中国、インド、

インド	13億1105万人	BRICS
ブラジル	2億 784万人	BRICS
南アフリカ	5449万人	BRICS
中国	13億7604万人	BRICS・上海協力機構
ロシア	1億4345万人	BRICS・上海協力機構
ウズベキスタン	2989万人	上海協力機構
カザフスタン	1762万人	上海協力機構
タジキスタン	848万人	上海協力機構
キルギス	594万人	上海協力機構

計 31億5480万人

世界の人口は73億4900万人
(2015年推定，国連統計による)

BRICS，「上海協力機構」の構成国と人口

ブラジル、南アフリカがいるＧ20に軸足を移すのは自然といえる。クリミア編入を理由に追い出しを食ったＧ８にロシアが未練を感じないのは、こうした国際環境の変化があるからだ。

　Ｇ８との決別宣言から一カ月後の一五年七月八日から三日間、中ロと旧ソ連・中央アジア四カ国で構成する「上海協力機構」とＢＲＩＣＳの首脳会議をロシア中部ウファで主催したプーチンは、この二つのグループの「権威と国際政治・経済における影響力の向上」を目指すと強調した。九日のＢＲＩＣＳ首脳宣言は、当時進行中だったギリシャ債務危機を念頭に、米国が国際通貨基金(ＩＭＦ)の改革を滞らせて「信頼と効率性を損ねている」と名指しし、現在のＧ７主導の「ゲームのルール」を変えるべきだとの主張を鮮明にした。

　ブラジル、ロシア、インド、中国の四カ国の英語の頭文字を取って「ＢＲＩＣｓ」と呼ばれ、一一年に南アフリカが加わってＢＲＩＣＳとなった「新興五カ国」は〇九年から毎年首脳会談を開いている。ＢＲＩＣＳと上海協力機構の構成と人口を右の図に掲げたが、その合計は世界の人口の約四三％を占める。プーチンの発言には、人口で世界の一〇％程度にすぎないＧ７より、こちらのほうが多くの人々の声を代表しているという自負が感じられた。戦後七〇年間続いてきた国際社会の枠組みは、ウクライナ危機の前後に大きく変わった。

中東混乱、「イスラム国」の脅威

今の世界で最も劇的な地政学上の変化が起きているのは中東地域だ。「アラブの春」と呼ばれた民主化要求の動きは、中東各国で続いてきた権威主義的体制を崩壊させたが、その後誕生した政権は軒並み脆弱で、多くの国で民主化は定着せず、政治の混乱や内戦、強権的政権の復活などに帰結した。

中でもシリアとイラクで拡大するイスラム教スンニ派の過激派組織「イスラム国」（ＩＳ）は国際社会にとって重大な脅威となっている。アサド政権と反体制派の内戦に陥ったシリアで誕生した国際テロ組織アルカイダ系の「イラク・シリアのイスラム国」が、「イスラム国」と改称してシリア北部ラッカを「首都」とする国家の樹立を一方的に宣言し、イラク戦争後に混乱やテロが続くイラクとシリアにまたがる地域で勢力を広げた。拘束した欧米や日本のジャーナリストらを惨殺する映像をインターネットを通じて公表するなど、残虐ぶりが際立つ。イラクの旧フセイン政権や軍、情報機関の出身者が実務を担い、欧米への敵意をむき出しにして、イスラム教に基づく「理想郷」建設への参加を呼び掛けるＩＳには、欧米諸国で自分の居場所を見つけることができずにいる若者らが続々と流入した。

シリアからは多数の国民が内戦を逃れて流出し、大量の難民や移民が地中海やトルコを経由して欧州に流れ込んだ。一五年九月には連日数千人から数万人の難民らが、ハンガリーなどを経由して難民受け入れに寛容なドイツを目指した。国連の推計によると同年中に欧州に流入した難民や移民は一〇〇万人を超え、各国は「難民危機」の対応に追われた。中東に生まれた「権力の空白」に文明そのものを否定するかのような狂信的テロ組織が台頭し、それを嫌う一般市民が安全と豊かさを求めて先進国に大移動する姿は、世界秩序の流動化を象徴的に表している。米国などによるＩＳへの空爆は大きな成果を挙げていない。国家ではないテロ組織の蛮行に、国家の集合体である国連は無力といってよい状態だ。

ロシアが一五年九月三〇日に「ＩＳの拠点を標的として」シリア領内の空爆を開始したことで事態はさらに複雑化した。ロシアが旧ソ連の影響圏外で大規模な軍事攻撃をしたのはソ連崩壊後初めてだ。ＩＳの壊滅にはシリアの正統政府であるアサド政権の存続と国際社会の連携が不可欠だと主張するプーチンは、シリアの反体制派を支援しアサド政権退陣を要求してきた欧米諸国の懸念表明を意に介さずに空爆に踏み切り、ロシアは米国の意向に関係なく、国益に必要と考えることを行うという明確な意思を行動で示した。ロシアは、ソ連崩壊後に事実上停止していた中東への積極的な関与を再開したことになる。

米ロ対立長期化へ

ウクライナ危機をめぐり、米国とロシアは互いに相手を最大の敵と公言するほど激しい対立関係に入った。二〇一五年七月、米軍の制服組トップである統合参謀本部議長に指名されたダンフォード海兵隊司令官は人事承認に向けた上院公聴会で、ロシアが米国の安全保障に対する「最大の脅威」だと公言した。カーター米国防長官も同年八月、ロシアは「非常に重大な脅威」だと述べ、ロシアに対抗するため米軍の展開能力を調整していると強調した。

ロシア側もパトルシェフ安全保障会議書記が同年六月二二日付のロシア有力紙『コメルサント』のインタビューで「米国はロシアがウクライナを侵略したとか、ウクライナの主権の擁護とか言っているが、実はウクライナに関心はない。ウクライナ不安定化は、ロシアの弱体化を狙う米国の試みだ。米国は国家としてのロシアが存在しなければいいと望んでいるのだ」と主張した。パトルシェフはプーチンと同じソ連国家保安委員会（ＫＧＢ）出身でプーチンの信頼が厚く、安全保障観を共有している。

「冷戦の再来」ともいわれる米国とロシアの対立は長期化するとみる専門家は少なくない。ロシアのシンクタンク「外交防衛政策評議会」会長で『グローバル政治の中のロシア』誌のフョードル・ルキヤノフ編集長もその一人だ。

一五年八月に国際会議出席のため来日したルキヤノフは私に、近い将来に米ロ関係が改善する可能性はないと断言し、「米国にとってロシアは、米国が正しいと考える世界の秩序に挑戦する国だ。一方、ロシアにとって米国は主要な敵対国であり、「ロシアを滅ぼそうとしている」と映っている。米国の大統領が代わってもおそらく関係は改善しない。対立を好まない性格のオバマ氏の下でさえ今のような状態なのだから、別の人が米大統領になればもっと厳しい対応をするだろう」と話した。ルキヤノフはまた、ロシアは軍事介入を欧米から非難されているウクライナ東部から手を引きたがっているが、その後に現地のロシア系住民が迫害されたりすればロシアとプーチン個人の権威が大きな打撃を被るため「引くに引けない状況になっている」と述べ、対立の原因であるウクライナの紛争は長期化が必至であることから、米ロ関係の改善も容易ではないと指摘した。

2 ウクライナ危機の意味

国連安保理の限界

ウクライナ危機であらためて明らかになったのは、現在の国際安全保障秩序の中で中心的役割を果たしているはずの国連安全保障理事会の限界だった。第二次世界大戦の戦勝五カ国が拒否権を持つ常任理事国として中心的役割を担っている安保理は、常任理事国自身が侵略行為に手を染めた場合は、それをやめさせることができない。

二〇一四年三月、ロシア軍とみられる武装部隊が実効支配を固めたクリミアで親ロシア派の自治体がロシア編入の是非を問うために行う住民投票を認めない、という内容の安保理決議案はロシアの拒否権行使で否決され、その後のロシアによるクリミア編入を阻止できなかった。また同年七月にウクライナ東部の親ロシア派武装勢力支配地域で起きたマレーシア航空機撃墜事件の実行犯処罰のための国際法廷設置を求める決議案にも、ロシアが拒否権を行使した。安保理はウクライナ危機の解決にほとんど無力だった。安保理が膠着状態に陥っている間に、政府軍と親ロシア派武装勢力の紛争による死者は急増し、一五年一二月までに九〇〇〇人を超えた。この紛争の拡大を食い止めるための停戦合意を実現させたのはドイツ、フランス、ロシア、ウクライナの四カ国首脳会談であり、そこには国連も米国も加わっていない。今後、軍事的にソ連崩壊の痛手から立ち直ったロシアが米国と対立し、安保理が機能不全に陥る場面はさらに増えると予想される。

南シナ海での岩礁埋め立てなど海洋進出を活発化させて東南アジア諸国と対立を深めている中国も、拒否権を持つ安保理常任理事国だ。この問題がさらに先鋭化し安保理に持ち込まれた場合でも、中国の拒否権で安保理が機能しないことはほぼ間違いない。ウクライナ危機は、七〇年前につくられた現在の安保理は二一世紀の激変する国際情勢に対応できないという悲観的見通しを暗示している。

「統合」への反動

ウクライナ危機の背景にある潮流は、ナショナリズムの世界的な高揚である。クリミア編入後にロシア国内での愛国的雰囲気はかつてなく高まった。逆に、クリミアを編入され東部で親ロシア派との対立が続くウクライナでは東部の紛争を「ロシアからの独立戦争」と呼び、ウクライナ語や自国の歴史、文化を深く学ぼうとする動きが強まっている。

歴史認識や尖閣諸島の領有権問題で日本と対立する中国では、習近平国家主席が「中華民族の偉大な復興という中国の夢」実現を掲げて政権基盤安定化を図っている。EU加盟各国では反移民、反EUを掲げる極右勢力が急速に支持を広げた。

その習近平や欧州極右政党の指導者らが「盟主」のように仰ぎ見るのが、クリミア編入で欧米の非難を浴びるプーチンだという事実は、G7の認識とは裏腹に、国益を追求する強い指導者への支持と共感が各国に広がっていることの証左だ。世界中に戦争の惨禍をもたらした第二次大戦から七〇年が過ぎ、悲惨な戦争への反省は薄れた。周辺国と友好的に共存し地域統合を進めて平和を維持しようという試みには矛盾と破綻が目立ち始めた。地域の統合による恒久平和追求の模範として二〇一二年のノーベル平和賞を受賞したEUの内部で露呈した、一五年のギリシャ債務危機や欧州難民危機に関する鋭い対立は、「統合の理想」が色あせたことを物語っている。

グローバル化と格差の拡大

ナショナリズムの高まりは、冷戦終結後に急速に進んだ「グローバル化」の反動ともいえる。

国境を超えた人や物の移動、情報伝達を飛躍的に拡大したグローバル化は貿易自由化や情報の共有、民主主義や人権尊重などの価値観の共有を促進する一方で、「欧米の価値観の押し付け」「文化的侵略」「富める国による貧しい国の搾取」などの批判も招いた。グローバル化の主要なツール(道具)であるインターネットを通じて情報共有が進んだ結果、隣国との「豊かさの差」があからさまになり、戦後の七〇年間で開いた経済格差の大きさに対する人々の不満もかつてなく高まった。

ウクライナ危機も、外交的には米国による一極支配、すなわち「スタンダードの押し付け」に異を唱えるロシアの抵抗だが、経済的にはクリミアやウクライナ東部のロシア系住民が、高度成長を遂げ豊かになったロシアへの帰属を求め、政治的混乱と経済の低迷が続くウクライナから離脱を試みたという「格差問題」とみることもできる。ウクライナ危機はプーチンの領土的野心が起こした事件ではなく、戦後秩序が動揺する中で噴き出した矛盾の一つと言ってよい。

とはいえ、二〇一四年にロシアの大統領がプーチンその人でなかったなら、ウクライナ危機の展開はまったく別のものになっていただろう。

3 プーチンというファクター

「悪いキリスト教徒」

米国によるロシアの人権侵害批判とロシアの対抗措置のため米ロ関係が険悪化し始めていた二〇一二年一二月、プーチンは大統領復帰後初めての年末恒例の大規模記者会見で、ロシア側の反米的発言が米ロ関係やロシア経済に悪影響を与えていないかと質問されて、こう答えた。

「私は悪いキリスト教徒だ。「右の頰を打たれたら左の頰を出せ」という心境にはまだなれない。平手打ちを食ったら対抗する。そうでなければ、われわれはいつまでも打たれ続けるだろう」

この発言は、ロシア正教の熱心な信者であるプーチンが、同時に「やられたらやり返す」を信条とする「戦うキリスト教徒」であることを示している。モスクワなどでテロを繰り返したチェチェン独立派武装勢力に対する断固とした反撃、クリミア編入を理由にした欧米の対ロ制裁への報復など、しばしばみられるプーチンの強硬な言動はこの信条に従ったものといえる。

この考え方に通じる思想家が、一九一七年の社会主義革命を批判してボリシェビキ政権の手で国外追放され、最後はスイスで客死したロシアの哲学者イワン・イリインである。イリインはプーチン本人や側近らが演説で著作をたびたび引用することで知られている。

一八八三年に帝政ロシアの貴族の家庭に生まれたイリインはモスクワ大学で教鞭を執った宗教哲学者で、帝政を打倒し宗教を否定する革命勢力との妥協を拒んで逮捕され、亡命先のドイツなどでロシア革命への批判を続けた。ベルリンで『力による悪への抵抗』(一九二五年)を著したイリインは、ロシアの文豪トルストイの「無抵抗主義」をセンチメンタルで有害な思想と批判した。そして「キリストは剣ではなく愛を説いたが、剣を非難したことは一度もない。剣を取る者は自らも剣の犠牲になるが、人をそのような自己犠牲に駆り立てるものこそ愛である」として、神を信じ道徳的理想を求める者でも、悪に抵抗するために武器を取って戦うことは許されると主張した。その攻撃的思想は「復讐の宗教」「戦争の神学」などと批判される一方、赤軍と戦う白衛軍(反革命軍)の精神的支柱となった。

ソ連時代に無視されていたイリインは、共産主義に反対しロシアの伝統を重んじる保守派の論客としてプーチン政権下で再評価された。一期目、二期目のプーチン政権で大統領府の幹部を務め「政権のイデオローグ」と呼ばれたウラジスラフ・スルコフ元副首相が「各国にはそれぞれ民主主義発展の独自の道がある」「個人の自由より国家主権が優先する」と提唱した「主権民主主義」論にも影響を与えたといわれている。国外にあったイリインの遺骨は白衛軍の指導者の一人だったアントン・デニキン将軍の遺骨と共に二〇〇五年、モスクワにあるドンスコイ修道院の墓地に再埋葬された。当初は粗末な木製の墓標が立っていたが、当時首相だったプーチンが写真を見て墓の整備を命じ、〇九年に立派な墓碑が置かれた。整備に私財を投じると申し出たプーチンは同年五月に墓地を訪れ、新しい墓碑に花を手向けている。

拡大する正教会の影響

ロシア正教信仰という要素も、プーチンの言動を理解する上で軽視できない。ソ連時代に弾圧されたロシア正教会はソ連の崩壊後、特にプーチン政権誕生後は大統領自身の支持もあって急速に復興を遂げ、影響力を拡大している。九八八年(九八九年という説もある)に当時のキエフ大公ウラジーミルがキリスト教を受容して正教は国教となり、ロシア正教の信者がロシア人であるという認識は、宗教が否定されたソ連時代を経た後の現在も社会に根強い。プーチン政権の事実上の支配下にある三大テレビは、復活祭、クリスマスなど正教会の年中行事をモスクワにあるロシア正教の総本山「救世主キリスト大聖堂」から生中継するなど、教会関係の番組に大きな時間を割いている。保守的な価値観、ロシア愛国主義、欧米からの政治的・文化的「押し付け」に対する反発など、多くの共通点を持つ教会と政権が二人三脚で国民の統合を進めているという印象が「プーチンのロシア」にはある。

クリミアに近いウクライナ南部ヘルソンはそのウラジーミル大公が初めて洗礼を受けた地とされる。オーランドー・ファイジズ著『クリミア戦争』(白水社、二〇一五年)が描いているように、当時ロシア領だったクリミア半島で英仏、オスマン・トルコなどの連合軍とロシアが激烈な戦いを繰り広げた一八五三―五六年のクリミア戦争の発端は、聖地エルサレムの管理権をめぐる正教のロシアとカトリックのフランスの争いであり、ロシアと西欧の一種の宗教戦争だった。セバストポリ要塞の陥落でこの戦争に敗北し多大な犠牲を払ったロシアにとって、クリミア半島は歴史的に「祖先の血で購われたロシアの領土」と考えられている。二〇一四年二月に始まったウクライナ危機でクリミア編入に踏み切ったプーチンと、これを圧倒的に支持したロシア国民には、ロシアとロシア正教にとって重要な歴史に絡むクリミアをソ連崩壊の混乱の過程で外国領とされたうえ、さらに北大西洋条約機構(NATO)側に支配権を奪われるのは許されないという思いがあった。これが欧米には理解されなかったというのが、クリミア編入をめぐる欧米とロシアの対立の根本的な原因だった。

運命論者

Ｇ８からのロシア追放につながったクリミア半島編入について、プーチンはその後、ウクライナの野党を支援して親ロシアのヤヌコビッチ政権を転覆し、クリミアをＮＡＴＯの支配下に置こうとする欧米の試みに対抗するためのやむを得ないものだった、という認識を示している。この視点から見れば、「ウクライナへの侵略」と欧米から非難されたクリミア編入も、ロシア包囲網を狭めるＮＡＴＯの攻勢への対抗策ということになる。おそらく、ウクライナへの介入が不正だという発想はプーチンにはない。

前出のルキヤノフは、クリミアを電撃的に支配下に置いた手並みとその後のウクライナ東部紛争への介入が長引いていることとのギャップを指摘しながら、「プーチンは運命論者だ」と説明する。「そもそもプーチンは戦略的決定をする人ではない。それは彼が愚かなのではなく、今の世界で長期的戦略を立てることが可能だと信じていないのだ。人も世界も変わっており、すべてが予測不能だとすれば、いかなる戦略にも意味はない。プーチンはクリミア編入のように短期的には首尾よく対応できるが、長期的には「なるようにしかならない、それに対応するしかない」というスタンスだ」というルキヤノフの見解は、「状況に対応する天才」といわれるプーチンの性質を別の側面から鋭く言い当てている。長期戦略に基づいて「大国ロシアの復活」を進めているとみられがちなプーチンだが、実際には厳しさを増す国際環境の中でロシア生き残りの対応に追われている、と見ることもできる。いずれにせよ、欧米に対抗するプーチンの戦う姿勢は、秩序が流動化し動揺する世界の中で異彩を放っている。

第1章

ウクライナの政変とクリミア編入

治安部隊とデモ隊が衝突する独立広場(提供:ゲッティ=共同)

1　ヤヌコビッチ政権崩壊

ソチ五輪の陰で

二〇一四年二月七日、世界の目は黒海に面するロシア南部ソチで行われた同国初の冬季オリンピック開会式に注がれていた。ロシアが得意とするバレエやオペラを織り込んで歴史を振り返る壮大なパフォーマンスの後、国連の潘基文事務総長と並んでマイクの前に立ったプーチン大統領が力強く開会を宣言し、ソ連・ロシアで二度目の五輪は華やかに開幕した。

プーチンはこれに先立つ一月一七日、英BBC放送や米ABCテレビ、ロシアのテレビ「第一チャンネル」などとソチで会見した。この時「五輪開催はロシアを強くしたいというあなたの政治的将来と関係があるか」と問われ、次のように答えている。

「スポーツでの達成は経済・社会政策の成果の現れだ。大きな競技会の開催は人々をスポーツに向かわせ、国民の健康増進や人口減対策にもつながる。私の個人的野心のためではなく、国家と国民の直接の利益だ。……ソ連崩壊やカフカスでの流血の後、社会には重苦しく悲観的な雰囲気が漂っていた。私たちはそこから奮起して、スポーツの分野でも大プロジェクトをやり遂げられると自覚する必要があった。五輪の期間中は新しいロシアとその可能性を見てほしい。それによって世界の国々と良好な関係を築くことができると信じている」

スポーツも政治の一つだというプーチンらしい発想が率直に語られている。実際プーチンは冬季五輪のソチ開催を決めた二〇〇七年の中米グアテマラでの国際オリンピック委員会（IOC）総会に自ら出席して英語でスピーチし、開催決定をもぎ取った。一九八〇年のモスクワ五輪がソ連のアフガニスタン侵攻を理由にした欧米諸国のボイコットで不本意な形に終わって以来の五輪開催は、自らが進めた「ロシアの復活」を象徴するイベントという気持ちがあったのだろう。ソチ五輪は心配されたテロも起きず、スポーツの大会としては成功裏に終わった。

その頃、隣国ウクライナでは重大な危機が進行していた。首都キエフの中心部にある「独立広場」（ウクライナ語で「マイダン・ネザレージノスティ」）とその周辺に陣取った野党支持者らの反政権デモが続き、治安部隊と散発的な衝突を繰り返していた。キエフの抗議デモは、前年の一一月にヤヌコビッチ政権が欧州連合（EU）との関係強化を目指す「連合協定」締結交渉を凍結したことをきっかけに始まった。親ロシアとみられてきたビクトル・ヤヌコビッチ大統領はロシアのプーチン政権から、「ソ連の復活構想」ともいわれるロシア主導の「ユーラシア経済同

5.11 東部2州で親ロシア派が独立の是非を問う住民投票を実施

25 ウクライナの前倒し大統領選で親欧米のポロシェンコ元外相が当選

6.下 ウクライナ東部で一時停戦したが，その後戦闘が再燃

7.17 ドネツク州でマレーシア航空機撃墜，乗客乗員298人全員が死亡

31 EUが本格的な対ロシア経済制裁を発動

8.中 ロシア軍部隊がウクライナ東部に侵入との報道相次ぐ

9. 5 ミンスクでロシア，ウクライナ，ドイツ，フランスの4首脳がウクライナ東部の停戦で合意，「ミンスク合意」採択

11. 2 ウクライナ東部2州で親ロシア派が独自選挙を強行

【2015年】

1.中 ウクライナ東部で政府軍と親ロシア派武装組織の戦闘が再び激化

2.12 ミンスクで4カ国首脳が再会談，停戦と前年9月のミンスク和平合意履行で一致

9.28 ニューヨークで米ロ首脳会談，ウクライナ問題で溝埋まらず

10. 2 4カ国首脳がパリで3度目の会談，和平合意の維持を確認

「ウクライナ危機の経緯」略年表

【2013 年】

11.21　ヤヌコビッチ政権が欧州連合(EU)との連合協定締結交渉凍結を発表

24　キエフの独立広場で野党支持者数万人が抗議集会

12. 1　独立広場で約 10 万人が集会，一部が治安部隊と衝突

【2014 年】

2.18　キエフの独立広場でデモ隊と治安部隊が大規模衝突

2.20　独立広場で最大の衝突が発生，3 日間の死者が 100 人を超す

21　ヤヌコビッチ大統領と野党 3 党首が危機の政治的解決で合意

22　キエフの大統領府や最高会議を野党側が占拠，ティモシェンコ前首相釈放

23　トゥルチノフ最高会議議長が大統領代行に就任，ヤヌコビッチ政権崩壊

28　所属不明の部隊がクリミア半島の 2 空港を制圧，実効支配を固める

3. 6　米国がロシアに一部当局者の渡航禁止などの制裁発動

16　クリミアの住民投票でロシアへの編入を承認

18　ロシアのプーチン大統領らがモスクワでクリミア編入条約に調印

24　先進 7 カ国(G7)緊急首脳会議が主要国(G8)会合からのロシア排除を決定

4.初　親ロシア派武装組織がウクライナ東部ドネツク，ルガンスク両州の行政庁舎を占拠

15　ウクライナ新政権が東部の親ロシア派に対する軍事作戦を開始

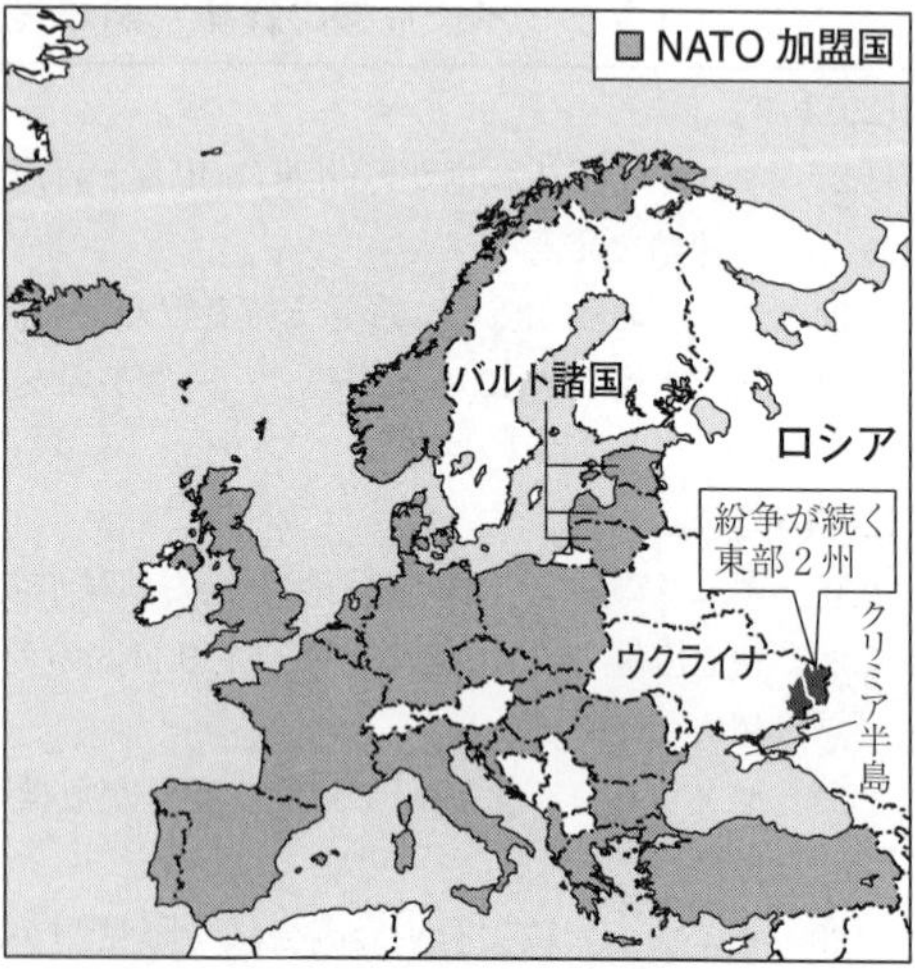

ロシアとNATO

盟」参加を強く求められていた。ＥＵとの連合協定は自由貿易協定（ＦＴＡ）を柱とする経済関係の強化であり、最終的には旧ソ連圏の地域統合「ユーラシア同盟」に移行するユーラシア経済同盟参加とは両立しない。欧州への統合か、ロシアとの協力強化かについてヤヌコビッチは曖昧な態度を取り続けてきた。約四五〇〇万人の人口と広大な国土を持つウクライナを自陣営に取り込もうとするＥＵとロシアの綱引きの間で決断できなかっただけでなく、双方から最大限の利益を引き出そうとの思惑もあった。

ヤヌコビッチは首相だった二〇〇四年、「オレンジ革命」と呼ばれる民主化運動により大統領選での当選を取り消され、親欧米のユーシェンコ政権下での野党暮らしを経て、一〇年二月の大統領選決選投票でようやく当選した。就任演説では親欧米のユーシェンコ前政権による北大西洋条約機構（NATO）加盟方針の撤回を明言する一方、「ロシア、EU、米国などとの対等な関係発展により最大の結果を引き出す」と宣言し、最初の外遊先にブリュッセルのEU本部を選んだ。ユーシェンコ政権に対し天然ガスの急激な値上げを要求して、真冬にガス供給を止めたりしたロシアの対応が、ロシアだけに依存する危うさをヤヌコビッチにも痛感させたのだろう。ヤヌコビッチ政権とEUは一一年末までの連合協定締結を目指して交渉するに至った。

しかしEU側は、大統領選でヤヌコビッチと争った最大の政敵で、親欧米派野党「祖国」の党首である女性政治家ユリヤ・ティモシェンコ前首相が、首相時代のロシアとのガス価格大幅値上げ合意を理由に職権乱用容疑で逮捕され同年一〇月にキエフの地区裁判所で禁錮七年の有罪判決を受けたことを政治的弾圧だと批判し、ティモシェンコが釈放されなければ締結は難しいとして、年内署名を見送った。その後も交渉は続いたがヤヌコビッチは釈放に同意せず、一三年一一月二一日にヤヌコビッチ政権は「ロシアとの経済関係発展のため」連合協定締結交渉を凍結すると発表した。

キエフの独立広場では二四日、この決定に怒った数万人の野党支持者らが「われわれはヨーロッパ人だ、ソ連人ではない」などのスローガンを掲げて抗議デモを行った。一二月一日には独立広場のデモが一〇万人に達して一部がキエフ市庁舎を占拠し、治安部隊と衝突して約三〇

○人が負傷した。二日も朝から一万人以上のデモ隊が都心で抗議集会を続け、ウクライナ政府庁舎や中央銀行入り口を封鎖するなどして政権の退陣を要求した。ヤヌコビッチは野党に対話を求めたり、EU首脳やプーチンと会談したりとどっちつかずの対応に終始し、政権打倒を叫ぶデモは翌二〇一四年一月になっても収束しなかった。

市街戦

独立広場で流血の惨事が起きたのは、ソチ五輪が終わりに近づいた二月一八日だった。日中、独立広場から欧州広場を経て政府庁舎や最高会議に通じるグルシェフスキー通りでデモ隊と治安部隊との小規模な衝突があり、双方に負傷者が出た。夕方、独立広場を見下ろす丘に立つホテル「ウクライナ」に通じるインスティトゥート通りのバリケードを治安部隊が排除し始め、装甲車がバリケードを突破して独立広場に向かおうとした。同日夜、治安部隊側はデモ隊数千人が陣取る広場の中心部に装甲車数台を突入させ、催涙ガスや高圧放水銃も使用した。広場周辺に木材やタイヤなどを積み上げてバリケードを作っていたデモ隊側は投石や火炎瓶で激しく抵抗し、バリケードに火がつけられて、あたりは炎と黒煙に包まれた。この夜から一九日にかけ二六人が死亡し三〇〇人以上が負傷した。死者のうち一〇人が治安部隊員だった。デモ隊が占拠していた労働組合会館は炎上した。

流血の事態を受けて一九日夜、ボクシング世界チャンピオンとしても知られる野党「ウダール」(打撃)のビタリー・クリチコ党首と「祖国」の議会会派を率いるアルセニー・ヤツェニュク元外相、広場でデモを組織していた右派民族主義政党「自由」のチャフニボク党首がヤヌコビッチと会談し、双方は「停戦」に合意した。しかし翌二〇日朝、治安部隊とデモ隊が再び衝突し、デモ参加者や治安部隊員が何者かに狙撃されて次々と倒れた。この日新たに数十人が死亡し、大勢の負傷者が出た。広場のあちこちで爆発音や銃声が響き、はがされた敷石や火炎瓶が投げられた。黒煙を上げながら燃えるタイヤや木材が散乱する中、粗末なカーキ色のヘルメットをかぶったデモ参加者が負傷者を担架に乗せて運び、キエフの中心部は市街戦の戦場と化した。後の政府の発表によると一八―二〇日の間に衝突で一〇〇人以上が死亡した。その半数以上が二〇日の銃撃で死亡したとされている。負傷者も三日間で

キエフ中心部

約一五〇〇人に上った。

撃ったのは誰か

二月二〇日に独立広場で起きた銃撃は事態を一気に先鋭化させてヤヌコビッチ政権の崩壊を招いたため、「政権とその背後にいたロシアによる虐殺」とする野党側と、「欧米の支援を受けた野党が流血を引き起こすためにやった謀略」とみる当時の政権側やロシアとの間で、広場で銃撃したのは誰なのかについての論争がその後も長く続いた。野党側は、広場に投入された内務省の特殊部隊「ベルクト」の仕業だと主張した。一方の政権側は、広場の南部に面する国立音楽アカデミー（音楽院）の方角から何者かが治安部隊員を狙撃してきたと主張した。

事件から一年を前にした二〇一五年二月に放映された英BBCの特別番組は、二〇日朝に独立広場の一角に押し込んできていた治安部隊員らを狙って音楽院の二階から銃撃したと認めるセルゲイと名乗る男性の証言を伝えた。セルゲイは自身をデモに数カ月間参加していた元軍人だと説明、以前知り合った男から一八日にライフル銃を渡され、二〇日早朝に音楽院に連れて行かれて、複数のメンバーで、治安部隊員を広場から撤退させるため「足を狙って撃った」と話した。銃撃していたセルゲイは野党側の男たちに止められ、車で郊外に連れて行かれて帰宅させられたという。しかし番組のインタビューで、当時独立広場の野党側自警団を指揮していたアンドレイ・パルビー最高会議議員(新政権下で国家安全保障防衛会議書記、最高会議副議長)は、治安部隊員が狙撃されているという連絡を受けて「優秀な連中を音楽院に急行させたが、狙撃手は発見できなかった」と、セルゲイの証言とは矛盾する説明をし、「二〇日の銃撃は、ロシアから来たスナイパーたちがやったことだ。彼らは広場で流血を起こさせたかったのだ」と強調している。

銃撃で同僚に死者が出た後、治安部隊側は銃の水平撃ちを始めた。これにデモ隊側が投石などで応戦し双方の全面的衝突に発展、犠牲者は加速度的に増えていった。番組はまた、ホテル「ウクライナ」からも銃撃があり、狙撃者は「デモ隊のメンバーが使っている緑色のヘルメットをかぶっている」という記者の目撃証言も伝えている。どちらが先に撃ったのかは不明だが、この日の銃撃は欧米で一般的に信じられているように治安部隊が平和なデモ参加者を虐殺したという単純なものではなく、デモ隊の側も広場で銃撃し、双方の激しい交戦に発展したのが実態だと見てよさそうだ。

独立広場での大流血という事態を受け、フランスのファビウス外相、ドイツのシュタインマイヤー外相、ポーランドのシコルスキ外相が二〇日午前にキエフ入りし事態収拾を仲介した。

三外相は大統領府に野党側の指導者を招き入れてヤヌコビッチと会談させた。会談は二一日午前七時半まで九時間にわたって続いた。

独立広場とその周辺では再びデモ隊が完全に支配権を取り戻し、野党支持者の手でタイヤや砂利が次々と運び込まれ、早朝からバリケードが強化された。デモ隊の一人は二一日未明、タス通信に対し「二〇〇四年の「オレンジ革命」の後のようにだまされはしない。もし新たな指導者らが政権の座に就いた場合は、われわれが連中をコントロールする。指導者がわれわれを裏切れば新しいマイダン(独立広場の抗議デモ)を組織するだけだ」と話した。デモ参加者には、議会に議席を持たない過激な民族主義組織「右翼セクター」などのメンバーや支持者が多数含まれており、独立広場は野党にとっても統制が効かない状態になっていた。

二一日午後四時、ヤヌコビッチ、クリチコ、ヤツェニュク、チャフニボクの四人は大統領府でシュタインマイヤー、シコルスキらが立ち会う中、九月までに憲法を改正し大統領権限を弱めることや挙国一致内閣の樹立、遅くとも年内に前倒し大統領選挙を実施することなどを記した合意文書に署名した。

この合意署名の前に異変が起きていた。午後三時ごろ、独立広場から遠くない大統領府を警備している治安部隊員らが専用バスに乗り込んで立ち去り始めたのだ。

米紙『ニューヨーク・タイムズ』によると、ヤヌコビッチと会談した三外相の一人シコルスキは、事態打開には早期辞任と大統領選の前倒し実施しかないと説得した。ヤヌコビッチはこれを聞いて怒りに青ざめたが、プーチンから電話を受けて協議した後、大統領選の前倒しに同意したという。一方、デモ隊を支援する親欧米派は拠点の西部リビウで内務省の武器庫から奪った銃器を独立広場に向けて搬送し、デモ隊側も武装していた。大統領府や政府庁舎など政権中枢の建物の警備が解かれた理由について同紙が取材した独立広場の自警団幹部は、二〇日の広場での銃撃で多数の死者が出た後は治安部隊は明らかに士気が低下し、デモ隊との戦いを嫌っていたと述べている。同日正午ごろ内務省次官の一人から携帯電話に連絡があり、午後三時に最高会議本会議が始まるまで「停戦」すること、治安部隊のキエフ市内からの安全な撤退をデモ隊側が保証することで合意した。翌二一日、最高会議が独立広場での流血の責任を問いザハルチェンコ内相の解任を決議した後は内務省の各部隊長から安全な撤退の保証を求める電話がデモ隊側に入り、一部の治安部隊はデモ隊に守られてキエフを離れた。こうして、ヤヌコビッチと野党三党首が事態正常化の合意文書に署名した頃までには、政権の中枢施設から治安部隊員も警察官もほぼいなくなった。シコルスキは同紙に「いつも通り、彼(ヤヌコビッチ)はタイミングを逃したのだ」と振り返った。

最高会議では、一時間ほど前に署名されたばかりの政権側と野党の合意に書かれた、大統領の閣僚任命権などを大幅に最高会議に移譲する議会主導型の〇四年憲法復活がほぼ全会一致で採択された。二一日夜、独立広場の演壇で演説したパルビーは「われわれはヤヌコビッチの辞任を求める。彼は既にハリコフに逃げた。マイダンはきょう、キエフを完全に掌握した」と宣言した。

ヤヌコビッチは二一日午後から所在不明になっていた。翌二二日朝、メディアはヤヌコビッチが前夜のうちにキエフを出て東部の大都市ハリコフに向かったと報じ始めた。最高会議の定数四五〇のうち二〇七議席を有していたヤヌコビッチの与党「地域党」からは議員の集団離党が始まり、この日までに八〇人近い最高会議議員が離党、前日まで与党として巨大な権限を握っていた地域党は崩壊した。

大統領解任

二二日、地域党出身のルイバク最高会議議長が病気を理由に辞任し、野党「祖国」の党首テイモシェンコの側近アレクサンドル・トゥルチノフ元第一副首相が議長に選出された。

この頃ヤヌコビッチは東部ハリコフで地元テレビのインタビューに応じ、キエフで起きたことは「クーデターだ」と野党側を非難した。インタビューは潜伏先にテレビクルーを招いて行われたものらしく、ほの暗い部屋の中で青ざめた表情のヤヌコビッチは、自身の解任など最高会議が採択した決定は「すべて違法であり、大統領として署名するつもりはない」と述べ、「彼らは野党ではない。ならず者だ」と不満をぶちまけた。また、大量の犠牲者を出した独立広場の銃撃について自分は命令していないと関与を否定した。ヤヌコビッチは前日キエフで空港に向かう途中、自分の車が銃撃されたことなども語り、自分はいまだに「正当に選ばれた大統領だ」と強調したが、強がりにしか見えなかった。

この後トゥルチノフは最高会議で、ヤヌコビッチが「大統領の義務を果たさなかった」と認定して事実上解任し、大統領選挙を五月二五日に前倒し実施する政令を出した。この政令は賛成三二八、反対ゼロで承認され、ヤヌコビッチはあっさり解任された。トゥルチノフによると、この日の午後にヤヌコビッチと電話がつながり、ヤヌコビッチは説得を受け入れていったん辞任に同意した。しかしその後に辞意を撤回しテレビで野党を非難したため、解任に踏み切ったという。最高会議では、流血の責任を問われていたザハルチェンコ内相に代わりアルセン・アバコフ最高会議議員が新内相に任命された。さらに東部ハリコフの刑務所医療施設にいたティモシェンコの釈放も決まった。

二二日夕、車椅子に乗って医療施設を出たティモシェンコは午後一〇時ごろにキエフの独立広場に到着し「いまやらなければならないのは状況を後戻りさせないことだ。ヤヌコビッチをマイダンに連行すべきだ」と人民裁判を呼び掛けた。「オレンジ革命」の指導者の一人でヤヌコビッチの最大の政敵だったティモシェンコの解放は、新たな革命が起きたことを象徴する出来事だった。しかし前倒し大統領選への立候補にも意欲をみせたティモシェンコに対する拍手はまばらだった。車椅子に座ったまま弱々しい声で訴えるティモシェンコに、一〇年前の「革命」の際に過激な演説で政権打倒を呼び掛け「ウクライナのジャンヌ・ダルク」の異名を取った当時のさっそうとした面影はなかった。

ヤヌコビッチは自らの地盤である東部ドネツクの空港からチャーター機でロシアに出国しようとしたが書類の不備を理由に離陸が許可されず、車で空港を去った。その後ロシア系住民が多いクリミア半島経由でロシアに入国し、事実上ロシア政府の保護を受けて亡命生活を送ることになる。主人が去ったキエフ郊外の大統領公邸では、四〇億円を超すシャンデリアや黄金のパンをかたどった置物、私用のゴルフコースやテニスコートなどが見つかり、度を越したぜいたくぶりが訪れた市民たちの怒りと嘲笑を買った。

二三日、最高会議はトゥルチノフを大統領代行に選出し旧政権の閣僚を次々と解任した。トゥルチノフは同日夜にテレビを通じて演説し、秩序を回復し平穏を取り戻すと宣言した。外交では「欧州への統合政策」に戻ると強調し、親欧米路線への転換を明言した。

この日はクリミアからほど近いソチで、冬季五輪の閉会式が行われた。ＩＯＣのバッハ会長は「ロシアは約束したものをすべて用意してくれた」と最大級の賛辞を送った。金メダル、メダルの総数ともにロシアが一位という快挙も加わったが、プーチンは硬い表情のままだった。威信をかけたソチ五輪は成功したが、「世界が新しいロシアを見て、各国との良好な関係を築く」絶好の機会には水が差された。この後まもなくプーチンは、おそらく政治人生の中で最も困難な決断の一つを下すことになる。

2　クリミアの「再統合」

ロシア系住民が反発

黒海に面するウクライナ南部のクリミア半島は風光明媚な保養地として帝政時代から知られ

た。エカテリーナ二世の時代に第一次露土戦争を経てロシア領となった。チェーホフの短編『犬を連れた奥さん』の舞台でもあり、第二次世界大戦終結前に米国のルーズベルト大統領、英国のチャーチル首相、ソ連のスターリン首相が戦後処理について交渉した「ヤルタ会談」の会場にもなった。ソ連時代末期の一九九一年八月の共産党保守派によるクーデター未遂事件でミハイル・ゴルバチョフ大統領が監禁された別荘もクリミアのフォロスにある。

クリミアは当初ロシア共和国に帰属していたが、一九五四年に当時のニキータ・フルシチョフ共産党第一書記の一存でウクライナ共和国に帰属替えになった。これはウクライナがロシアに保護を求めたとされる一六五四年の「ペレヤスラフ協定」締結から三〇〇年を祝うという理由で、フルシチョフ特有の気まぐれといわれるが、実際にはスターリンの死後にトップに上り詰めたものの権力基盤が弱かったフルシチョフがソ連第二の共和国ウクライナの支持取り付けを狙ったものともいわれている。ソ連時代には各共和国の国境は事実上存在しなかったから大きな問題はなかったが、一九九一年のソ連崩壊に伴ってウクライナは独立し、ロシアにとってクリミアは外国の領土になった。独立後のウクライナでクリミア半島は、ロシア黒海艦隊が駐留を続ける西部のセバストポリが特別市、それ以外は「クリミア自治共和国」という法的地位を与えられたが、住民の約六〇%を占めるロシア人はウクライナ全体の中では少数派になったため、キエフのウクライナ中央政府からの独立や、ロシアへの帰属を求める動きが絶えなかった。

二〇一四年二月にキエフで起きた「革命」的政変を受け、クリミアでも動揺が広がった。政変を認めない親ロシア派が半島の各地で抗議デモを始め、同二五日には数百人のデモ隊が中心都市シンフェロポリのクリミア自治共和国最高会議庁舎に押しかけ、庁舎にロシア国旗を立てた。二六日には議会庁舎前で数千人の親ロシア派デモ隊が「クリミアはロシアだ」と叫び、これに反発するイスラム系のクリミア・タタール人らと小競り合いになって少なくとも一人が死亡、約三〇人が負傷した。

二月二七日には、親ロシアの小政党「ロシアの統一」のセルゲイ・アクショーノフ党首が同最高会議で自治共和国首相に任命された。独立系ニュースサイト「NEWS ru. ua」によると、この日議会棟が身元不明の武装集団によって占拠され、六四人の議員が出席して本会議が開かれた。議員は自動小銃を所持した武装集団に携帯電話を取り上げられ、キエフの政変に反対しなかった内閣の解任を賛成五四、自治共和国の法的地位の変更の是非を問う住民投票をウクライナ大統領選前倒し実施と同じ五月二五日に行うことを賛成六一、アクショーノフの首相任命を賛成五三で可決した。当時の憲法によると自治共和国の首相任命にはウクライナ大統領の同意が必要だが、「大統領の同意はあるのか」との問いに、議会事務局のオリガ・スリニコワ報道部長は「同意はあります」とだけ答えたという。

アクショーノフはそれまでほとんど無名だった。一九七二年旧ソ連モルダビア共和国生まれで、クリミアに移住しシンフェロポリの軍事建設専門学校で学んだ。インターネットのニュース専門サイト「ウクラインスカヤ・プラウダ」によると、アクショーノフは不動産業やショッピングセンターの経営などさまざまなビジネスを手掛ける半面、クリミアの犯罪組織と関わり、不敵な面構えもあって「ゴブリン」(小鬼)というあだ名を付けられた。犯罪組織同士の勢力争いによる殺人にも関与した疑いがあるという。二〇〇九年にクリミア在住ロシア人の団結を目指す組織を立ち上げ、組織や宣伝、資金調達などを担当した。一〇年に政党「ロシアの統一」を設立、同一一月からクリミア自治共和国議会の議員になった。ウクライナの別のニュースサイトはアクショーノフを「クリミアのならず者、おそらくロシア情報機関の要員」と書いている。

クリミア半島にあるもう一つの自治体セバストポリ市でも二月二三日、キエフの政変に抗議する約二万人の市民が市中心部のナヒモフ広場に集まり、当時の市政トップのヤツバ知事に代えてロシア人実業家アレクセイ・チャルイ氏が「市長」に選ばれた。これも合法的とはいえない手続きだったが、ヤツバは二四日に辞任し政治の表舞台から去った。クリミアの二つの自治体のトップは親ロシア派が占めることになった。

武装集団が実効支配

二八日にはシンフェロポリの空港がトラック三台で乗り付けた軍服の武装集団約五〇人に占拠された。また、ウクライナの独立後も二国間協定によりロシアの黒海艦隊が駐留を続けているクリミア半島西部セバストポリに近いベルベク軍用空港も同じ日、武装集団の支配下に置かれ、これによりクリミア半島は事実上外界との空路のアクセスを断たれた。地元報道によると、二つの空港を制圧した武装集団は識別章を付けていないがロシア語を話し、ロシア国旗やロシアナンバーを付けた軍用トラックも見られた。ヤヌコビッチ政権を倒した野党でつくるウクライナの新政権は「ロシア軍部隊に間違いない」と主張し、国連安全保障理事会の招集を要請した。安保理の非公式緊急会合ではウクライナのセルゲーエフ国連大使が、クリミアで活動しているのはロシア軍の可能性があると説明、米国のパワー国連大使は「事実ならロシアに軍撤退を求める」と述べた。これに対しロシアのチュルキン国連大使は、セバストポリに駐留する黒海艦隊の安全確保のためのロシア軍の動きはウクライナ側との合意に基づく範囲のものだと説明、議論はかみ合わなかった。

そうするうちにもクリミアに展開する「正体不明の部隊」は増強され、ウクライナ新政権のテニュフ国防相代行は三月一日の閣議で、クリミアにロシア軍部隊約六〇〇〇人が不法に展開していると述べた。

同じ日、モスクワではプーチンが動いた。「ウクライナ領に駐留するロシア軍の軍人に生命の脅威が迫っている」として、憲法の規定に従ってロシア軍の外国への派遣について上院の同意を求めたのだ。上院はその日のうちに緊急会議を招集し派遣に同意、プーチンはクリミアへのロシア軍派遣について必要な法手続きを終えた。その上でプーチンは米国のバラク・オバマ大統領と電話で会談し、ロシアは「自国の権益とロシア語を話す住民を守る権利を留保する」と述べて、ウクライナへの軍事介入の可能性について事前通告した。オバマは「ウクライナの主権の侵害になる」と強い懸念を表明、会談は約一時間半に及んだが対立は解けなかった。プーチンは国連の潘基文事務総長やフランスのフランソワ・オランド大統領にも電話し、同様の趣旨を伝えた。ウクライナ新政権で首相になっていたヤツェニュクはプーチンの対応を「宣戦布告だ」と述べ、ロシアの軍事介入阻止のため欧米に支援を求めた。

国連安保理は一日に二日連続の緊急会合を開き、セルゲーエフは「クリミアには既にロシア軍が展開し、どんどん増強されている」とロシアを非難した。実際、識別章は付けていないものの緑色の軍服にゴーグル、自動小銃などで完全武装した正規軍らしい部隊は、行政庁舎や議会棟に加え、主要空港や半島内のウクライナ軍施設などを次々に包囲し、実効支配を着々と固めていた。彼らはロシア語を話し、ロシア兵にしか見えなかった。

米国のジョン・ケリー国務長官は二日、ＮＢＣテレビに対し、ロシアに経済制裁を科す用意があり、ロシアを主要国(Ｇ８)から除外することもあり得ると強く警告した。同じ日、ロシア以外のＧ８メンバー、すなわち米国、英国、フランス、ドイツ、イタリア、カナダ、日本の先進七カ国(Ｇ７)とＥＵはロシアがウクライナの主権や領土の一体性を「明確に侵害した」と非難、冬季五輪を終えたソチで六月に開かれる予定だったＧ８首脳会談(サミット)の準備会合への参加を当面見合わせると表明した。

これに対しプーチンはドイツのアンゲラ・メルケル首相と電話会談し、現地で過激な民族主義勢力がロシア系住民の権利を脅かしていると説明して「ロシアが取っている行動は完全に適切だ」と主張した。旧東ドイツで教育を受けロシア語に堪能なメルケルは、ソ連国家保安委員会(ＫＧＢ)要員として東ドイツのドレスデンで活動しドイツ語を話すプーチンとは通訳なしで話ができる相手だ。ＥＵの首脳の中でもプーチンとは近い関係にあるメルケルだが、この日は、クリミアへのロシア軍投入は国際法違反だと非難した。米英のメディアによると、メルケルはこの後オバマと電話会談した際、プーチンとの電話会談に触れて「彼は別の世界に住んでいるようだった。まだ現実との接点があるのかどうか、わからない」と述べたという。それでもドイツはこの時点では、シュタインマイヤー外相が「G8は欧米がロシアと直接接触できる唯一の枠組みだ」と述べてロシア追放に疑問を呈するなど、対話による問題解決の道を断念してはいなかった。

三日、国連安保理はウクライナ情勢に関する三度目の緊急会合を開催、ウクライナ大使セルゲーエフはロシアが二月二四日以降に既に一万六〇〇〇人のロシア軍をクリミア半島に投入したと非難した。これに対しロシア大使チュルキンは、ロシアが現在も正統な大統領とみなしているヤヌコビッチが「西側諸国の影響下でテロや暴力行為が行われ、国民の生活や安全が脅かされている」として治安回復のためロシア軍の投入を要請したという本人の書簡を読み上げ、ロシアの軍投入の動きを正当化した。米国大使パワーは「今起きようとしているのは危険な軍事介入であり、侵攻だ」とロシアを批判した。

「あれは自警団だ」

クリミア半島で起きている事態についてプーチンが初めて公の場で見解を明らかにしたのは三月四日である。モスクワ郊外にある大統領公邸に内外の一部の記者を招いて会見したプーチンは、独立広場での衝突に端を発したウクライナの親欧米野党による政権掌握を「武力による憲法違反の政権奪取という評価しかあり得ない」と批判し、ヤヌコビッチが今も正統なウクライナ大統領だと強調した。

その一方でプーチンはウクライナの汚職のひどさや経済的低迷に触れ「マイダンの人々の気持ちは理解できる。人々は根本的な変革を求めていた」とし、野党の権力奪取の背後に欧米の影があると指摘しながらも「政権が強固で自信を持っていれば、今回のような権力奪取はできなかったはずだ」と述べた。

ウクライナへの軍事介入についてプーチンは「まだその必要はないが、可能性はある。ただし、それは最後の手段だ」と説明し、上院の同意を得たロシア軍の派遣はまだ決めていないと強調した。クリミアについては「あそこでは一発の銃弾も撃たれず、死者も出ていない。緊張状態は終わり、ロシア軍を投入する必要性もなかった」と断言した。

プーチンは「欧米は対ロ制裁やロシアのG８からの排除を警告しているが」と聞かれ「彼らは憲法違反の政権奪取を支持した。G８サミットの準備は進めるが、来たくなければ来なくていい」」と突き放すように言った。エリツィン前大統領が一九九四年のナポリ・サミットから政治討議に参加して始まった「G8の時代」が事実上終わった瞬間だった。

会見の中程、ある記者が「クリミアでウクライナ軍の施設を包囲している人々はロシア軍の格好にそっくりだが、彼らはロシア兵なのか」と尋ねた。「旧ソ連諸国では軍人は似た格好をしている。店に行けばどんな制服でも買える」と平然と答えたプーチンに、記者が「あれはロシア兵だったんですか、違うんですか」とたたみかけると、プーチンは「あれは……地元の自警団だ」と答えた。

どんな質問にもずばりと答えることが多いプーチンにしては珍しく、この時は明らかに言いよどんだ。このためらいの意味は後に明らかになる。翌月のテレビを通じた国民対話の際、プーチンは「地元自警団」を支援するためにロシア軍部隊がクリミアにいたことを認める。三月四日の「自警団」発言は、明らかに事実と異なるものだった。

二月二八日にロシア南部で政変後初めて記者会見したヤヌコビッチは「今も大統領であるという証拠を見せてほしい」と問われて「大統領は弾劾されるか死亡しない限り大統領だ。ご覧の通り私は生きている」と答えたり、「ウクライナの秩序回復のためロシアは行動すべきだ。プーチンはなぜ黙っているのか」と文句を言ったりしていた。プーチンは会見で「二日前に本人に会った」と話し、「彼に同情を感じるか」との問いには「国家元首には権限と共に、国を託した人々の期待に応える義務がある。彼は法の与える権限を行使し有権者の付託に答えただろうか。答えは明らかだ」と淡々と語った。首都のデモを長期間放置した無為無策に加え、他力本願の「元大統領」への同情はみじんも感じられなかった。

3　プーチン、編入を決断

住民投票を強行

会見でプーチンは「クリミアを併合する計画はない」と明言した。しかしクリミアはウクライナからの独立の是非を問う住民投票実施に向けて突き進んでいた。アクショーノフは既に五月二五日の前倒し大統領選に合わせて住民投票を実施する意向を示していたが、クリミア議会は三月六日、住民投票の実施を三月一六日に大きく前倒しすることを決め、新政権や欧米諸国の非難をよそに独立の動きを加速させた。

六日、オバマはウクライナの主権侵害を理由にロシアとウクライナのヤヌコビッチ前政権に関わった一部当局者らに対し、米国への渡航禁止や在米資産の凍結などの制裁を発動する大統領令に署名した。オバマはプーチンに電話で制裁発動を直接伝え、クリミアに展開しているロシア軍とみられる部隊の撤収やウクライナ新政権との対話、国際監視団の受け入れなどを求めた。会談は約一時間にも及んだが、プーチンは正統性のない新政権がクリミアで不当な権限を行使していると主張し、現地からの支援要請は無視できないと説明、議論は平行線をたどった。プーチンは同じ六日、クリミア議会の住民投票前倒し決定を受けて、即座にロシア安全保障会議を緊急招集して今後の対応を協議した。クリミアのロシア編入への動きは明らかにクレムリン主導で進んでいた。

この時実際に何が行われていたのかについてはプーチン自身がクリミア編入からほぼ一年となる二〇一五年三月一五日にロシア国営テレビで放映されたドキュメンタリー「クリミア　祖国への道」の取材に応じて明かしている。

プーチンの説明によると、ヤヌコビッチは一四年の二月二一日夜にハリコフに出張すると電話でプーチンに伝えてきた。プーチンは首都を離れないほうがいいと勧めたが、いったん「考えてみる」と述べたヤヌコビッチは次の電話で「やはり行くことにした」と伝えた。二二日にハリコフから電話してきたヤヌコビッチは「最近の状況について話し合うために会いたい」と言った。野党支持のデモ隊がヤヌコビッチを拘束するだけでなく「物理的に除去したがっている」と理解したプーチンはロシア南部ロストフでの会談を提案したが、その後ヤヌコビッチの警護隊から「いろいろ問題があって（ロストフに）飛べない」と電話があった。既にヤヌコビッチを殺害する計画が進んでいると感じたプーチンは、国防相や情報機関のトップを集めてヤヌコビッチの救出作戦を命じ、ドネツクからクリミアに向かっていたヤヌコビッチの車をレーダーで監視させ、特殊部隊員を乗せたヘリコプターの編隊が捜索して、ようやく救出した。ヤヌコビッチは当初ロシア行きを断り、数日間ウクライナ領内にとどまったが、キエフの新政権と話し合いの可能性がないことを悟って、ロシアへの出国を頼んできたという。

二三日の朝七時ごろにヤヌコビッチ救出作戦が終わった時、プーチンは居合わせた四人の側近らに「ウクライナは、われわれがクリミアをロシアに戻すための仕事を始めざるを得ない状況になった。あの地域とそこに住んでいる人々を民族主義者のローラーの下に放置して見殺しにすることはできない」と告げた。プーチンは、住民投票の結果を見て編入を決めたと繰り返し表明していたが、その表向きの説明と違い、ウクライナの政変直後からクリミア編入を念頭に手続きを進めていたことになる。

この時プーチンは続けて、「ただし、実行するのはクリミア住民の圧倒的多数がそれを望んでいる場合に限る」と述べている。その後実施した非公開の世論調査でロシアへの統合を望んでいる人が七五％という結果が示されたのを見て「実際に（クリミア編入を）実行しようとすれば、はるかに多くの人がそれを望むだろうということが私にははっきりわかった」と話し、「最終目標はクリミアの奪取とか「併合」というようなことではなく、（クリミアの）住民に、将来彼らがどのように生きたいのかについて自分の意見を表明する可能性を与えることにあった」と、やや言い訳めいた説明をしている。

さらにプーチンは、独立広場のデモ隊によるキエフの政権中枢施設占拠について「彼らを公然と支持していたのは欧州だが、人形を操っていたのは米国だった」と指摘し、「核兵器を戦闘準備態勢に入れる用意があったのか」との質問に「その用意があった」と述べて、欧米の出方によっては核兵器使用もあり得ると考えていたことを明らかにした。また、クリミア駐留のウクライナ軍を武装解除するためにロシア軍のエリート中のエリートである参謀本部情報総局（GRU）の要員と海兵隊を投入したとも明言し、「クリミアにロシア軍はいない」と述べていた当初の説明は事実ではなかったことをはっきりと認めた。

クリミア自治共和国とセバストポリ市の住民投票はウクライナ新政権と欧米諸国などの反対を無視して三月一六日に強行された。住民投票の問いは「ロシア連邦に入るか、ウクライナにとどまるか」というもので、九六・七七％がロシアへの編入に賛成票を投じたと発表された。

先住民のクリミア・タタール人は投票をボイコットした。

編入条約調印

二〇一四年三月一八日、クリミア自治共和国首相アクショーノフとセバストポリ市長チャルイはモスクワに飛んだ。二人の姿は、プーチンがモスクワ時間の午後三時からロシアの上下両院議員や閣僚らを集めて行った演説の際、クレムリンの「ゲオルギーの間」の最前列に、メドベージェフ首相ら政権幹部の隣に見ることができた。

ファンファーレと共に入場したプーチンがいつものように軽い足取りで演壇に上がり、まず「クリミアとセバストポリの代表もここに、われわれロシア市民の中にいる」と紹介すると聴衆は立ち上がって拍手し、やがて手拍子に変わった。手拍子は鳴り止まず、演説を始めたばかりのプーチンは間を取るためにコップの水を口にしなければならなかった。

「きょう、われわれは私たち全員にとって極めて重要な、歴史的意義を持つ課題について集まっている。クリミアで行われた住民投票には八二％の有権者が参加し、九六％以上がロシアとの再統合に賛成の意思表示をした」と切り出したプーチンは「クリミアはこれまでも常に、そして今後も分かつことのできないロシアの一部だ」と述べた。その上でクリミアの所属をソ連ウクライナ共和国に移管した一九五四年のフルシチョフの決定は「ウクライナ幹部の支持をあてにし、自らが一九三〇年代にウクライナで行った弾圧を覆い隠すため、ソ連共産党トップだったフルシチョフが個人的に決めたこと」だったと説明し、「当時の憲法に明らかに違反していたが、全体主義体制の下でクリミアの住民はただ事実を突きつけられ、何の意見も聞かれることはなかった」と非難した。

プーチンは「当時はロシアとウクライナが別の国になることなど想像すらできなかったが、それは現実になった。ソ連は崩壊した。ロシアやウクライナだけでなく旧ソ連の多くの人々が、形成されつつあった独立国家共同体(CIS)がわれわれ共通の国家となることを望んでいたが、大国家は成立しなかった。そしてクリミアが別の国のものになった時、ロシアはそれを「略奪された」と感じた」と指摘した上で、「数百万人のロシア人がある国(ソ連)で眠りにつき、目覚めた時には別の国にいて、新しい国では民族的に少数派になっていた。ロシア人は、世界で最も大きな分断民族の一つになったのだ」と述べた。

プーチンがこういう認識を示すのは初めてではない。大統領二期目の二〇〇五年四月の年次報告演説で「ソ連崩壊は二〇世紀最大の地政学的悲劇」だと指摘した翌五月、ドイツのテレビ局ZDFなどとの会見で「ソ連の崩壊は人々に自由を与え、解放の機会となったのに、それをあなたが「悲劇」と呼ぶのは驚きだ」と問われた時、「ドイツが統一され、ソ連が崩壊したことが(ドイツ人である)あなたにとって驚きだというのはおかしな話だ。……自分のことをずっとロシア人だと思ってきた人たちが、ある朝目覚めたらロシアの領域外にいることに気付き、親類や経済的結び付きなどすべてから切り離された。そういう人々が二五〇〇万人いたのだ。これが悲劇でないと言えるだろうか」とやり返したことがある。プーチンの歴史観では、ソ連の国力が弱まったことで東西ドイツは統一を果たしたが、一方ソ連の一五の共和国に分散して住んでいたロシア人はソ連崩壊によって分断され、今もその民族分断の悲劇が続いている、ということになる。

三月一八日の演説に戻ろう。プーチンはヤヌコビッチ政権を崩壊させた野党側のデモを「民族主義者、ネオナチや反ロシア主義者、反ユダヤ主義者が主導したクーデター」と断じ、「いわゆる新政権が最初にやったことが言語政策見直しに関する法案の提出だった。民族的に純粋なウクライナ国家をつくろうとした。ヒトラーの手先だったバンデラのやり方を踏襲した」と述べて、ロシア語使用の権利を奪おうとしたと新政権を非難した。ステパン・バンデラはナチス・ドイツと協力し、ソ連からのウクライナ独立を図った民族運動の指導者で、ロシアではヒトラーと同列視されている。プーチンは、ロシア語を話す人々が多いクリミアとセバストポリからの「人権と命を守ってほしいというロシアへの訴えを、われわれは拒絶できなかった。彼らを見捨てれば、それは裏切りでしかなかった」とロシアの対応を正当化した(大きな拍手)。

ロシア有力紙『コメルサント』でプーチン番を長年務めている名物記者アンドレイ・コレスニコフ氏がこの日の演説の様子を翌日の紙面で「プーチン氏の演説が拍手のためにこれほど頻繁に中断されたことはかつてなかった」と伝えたように、聴衆は一種の興奮状態だった。

「クリミアの人々はロシアと共にあることを選んだ。最新の世論調査では九五%のロシア人が、ロシアはクリミアの住民の利益を守るべきだと答えている」と述べたプーチンが約四五分間の演説の終わりに「住民投票の結果に基づき、クリミア共和国とセバストポリ市をロシア連邦に編入するために憲法を改正し、クリミアとセバストポリの編入条約を批准するよう、連邦議会に提案する。皆さんの支持をいただけると確信している」と締めくくると、「オオーッ」というどよめきと共に満場は総立ちとなった。演説内容は事前に明らかにされておらず、プーチンがこの場でいきなりクリミア編入を宣言したことは、聴衆の多くにとって驚きだったに違いない。ひげ面のチャルイイは、長年の悲願が成就した瞬間の感慨がこみ上げてきたのだろう。教会で神の前に立つときのように身体の前で両手を組み合わせ、しばらくこうべを垂れていた。

いったん退席したプーチンはしばらくしてアクショーノフ、チャルイイと共に戻り、「クリミア共和国」とセバストポリ市をロシア連邦に編入するための条約に調印した。署名後にプーチンと握手した際、黒い丸首のセーターというラフな服装のチャルイは満面の笑みでガッツポーズをしてみせた。プーチンはというと、少し微笑んでいたものの厳しい表情のままだった。こうしてクリミアはあっさりとロシアに編入された。

この日の夕方、クレムリン脇の「赤の広場」でクリミア編入を祝う「一〇万人集会」が開かれた。仮設の舞台に現れたプーチンは「クリミアとセバストポリは困難な長い航海を終え、自分の港、ふるさとの岸辺に帰ってきた」と宣言し、「英雄的な祖先の記憶を裏切らなかったクリミアとセバストポリの人々の不屈の勇気に感謝したい。今後の課題は多いが、克服できると信じている。なぜならわれわれは共にあるからだ。ロシアに栄光あれ。ウラー（万歳）！」と叫んで喝采を浴びた。二年前、首相から大統領への復帰を決めた選挙の後の勝利集会で涙をみせた時とはまったく違う、戦うプーチンの姿がそこにあった。

4　冷戦の再来

プーチンの「フルトン演説」

プーチンはクリミア編入を宣言した演説の中で編入に理解を求める一方、かつてないほど激しい欧米批判を展開した。ロシア高級紙『ネザビーシマヤ・ガゼータ』(独立新聞)は翌日の一面トップで「プーチンのフルトン演説」という見出しを掲げ、英首相を務めたウィンストン・チャーチルが第二次世界大戦後の一九四六年三月に訪問先の米ミズーリ州フルトンで「欧州を分断する『鉄のカーテン』を引いた」とソ連を非難し、東西冷戦時代の始まりを告げたとされる演説になぞらえた。演説のほぼ半分を占めるプーチンの欧米批判には、プーチンの、あるいはロシア側から見た冷戦終結後の世界観が端的に表れており、欧米や日本などでは「強権的、非民主的、危険」と見なされているプーチンの外交戦略を理解する上で重要な示唆を含んでいる。

プーチンはキエフでの政変を含むウクライナをめぐる状況を、米国とソ連の二つの超大国が覇権を争いながら牽制《けんせい》し合った冷戦のシステムが消え去った後に不安定化した世界情勢の反映だと指摘し、「米国を筆頭とした『西側諸国』は国際法ではなく力の論理に従うことを好み、国際機関は弱体化した。彼らは自らを選ばれた者たちで特別だと考え、世界の命運を決める権利は自分たちだけにあると思い込んでいる。「味方でない者は敵」の原則に基づいて気まぐれに「有志連合」を組んであちこちの主権国家を攻撃し、侵略に合法性の見せかけを与えるために必要な国際機関の決議を引き出し、何らかの理由でそれができない場合は国連安全保障理事会も、国連そのものも無視する」と述べて、NATOによる一九九九年のユーゴスラビア空爆や米軍のアフガニスタン、イラクへの侵攻、カダフィ大佐が殺害され政権が崩壊した二〇一一年のリビアへのNATO空爆を強い調子で非難した。

さらにプーチンは〇四年のウクライナの「オレンジ革命」に始まり、その後キルギスの政変やウズベキスタンでの反政府暴動につながった旧ソ連圏での一連の「カラー革命」を、「考え抜かれた陰謀」だったとして欧米の関与を示唆し、「これはウクライナとロシア、そしてユーラシアの統合に反対する活動だった。われわれは欧米との対話、協力と信頼の強化を望んだが、歩み寄りはなかった。それどころか、われわれは何度も欺かれ、NATOは東方に拡大し、ミサイル防衛(MD)施設はわれわれの国境近くに迫った」と述べて、冷戦終結後に欧米はロシアと誠実に向き合うことをせず、ソ連崩壊で弱体化したロシアに対する封じ込め政策を継続してきたと主張した。

「ロシアはこれ以上後退できないところまで追い詰められた。バネを極限まで押さえつければ、いつかは力で反発するということを忘れないほうがいい。ロシアは自立した、国際社会の行動的参加者であり、ロシアには他国と同様、尊重されるべき国益がある」。こう語るプーチンの言葉からは、ソ連崩壊後に辛酸をなめたロシアが味わった屈辱の深さと、そこから国力を回復した今は「もう黙っていない」という決意が読み取れる。

演説全体を貫いている考え方は、クリミア編入はロシアにとって避けられない選択で、これを理解してもらいたいという「弁明」ともいえるが、底を流れているのは「結局、国際社会では今も力の論理がまかり通っている」という現実認識だといえる。また、「クリミアにロシア軍はいない」「クリミアを編入する計画はない」などの当時の説明が偽りだったことを後で自ら明らかにしていることと考え合わせると、欧米に「何度となく欺かれてきた」ロシアはもはや常に真実を語る必要はなく、「正しい目的のためにはウソも許される。それはまさに欧米がやってきたことではないか」という発想に立っているようにもみえる。

G8からの排除

プーチンの「電光石火」というべきクリミア編入の動きに、欧米は何の手も打てなかった。

ドイツのメルケル首相が三月一三日に連邦議会の演説で「姿勢を変えなければロシアは政治的、経済的に甚大な打撃を受ける」と強く警告したが、ロシアの態度は変わらなかった。国連安全保障理事会は一五日、クリミアで翌一六日に予定される住民投票は無効だとする米国提出の決議案を採決し一三カ国が賛成したが、ロシアが拒否権を行使し否決された。中国は棄権した。安保理はウクライナ危機で機能不全をあらためて露呈した。

英国のデービッド・キャメロン首相は一九日、英議会で「ロシアが（ウクライナに対し）さらなる措置を取るならG８からの永久追放を議論すべきだ」と述べた。日米欧とカナダのG７は二四日にオランダのハーグで緊急首脳会議を開き、ソチで六月に予定されていたG８サミットをボイコットする代わりにブリュッセルでG７首脳会議を開くことを決めた。

プーチンがクリミア編入を宣言する前日の三月一七日、オバマはホワイトハウスで声明を読み上げ、一六日のクリミア住民投票の結果を受け入れないと表明するとともに、プーチン政権の要人やウクライナのヤヌコビッチ前政権の幹部ら計一一人に対し、在米資産凍結などの追加制裁を発動すると発表した。これにより米国の対ロ制裁は、冷戦終結後で最も厳しいものとなった。この中にはプーチンに近いとされるマトビエンコ上院議長、軍産複合体を担当し政権内の対欧米強硬派として知られるドミトリー・ロゴジン副首相、大統領一―二期目のプーチン政権で黒衣的存在だったスルコフ大統領補佐官、セルゲイ・グラジエフ大統領顧問、政変で大統領の座を追われたヤヌコビッチ、アクショーノフ「クリミア共和国」首相、コンスタンチノフ「クリミア共和国」議会議長らが含まれていた。EUも同じ日、黒海艦隊司令官らロシアとウクライナの計二一人に、在欧州資産の凍結やEU域内への渡航禁止などを科した。

しかしプーチンは一七日の米追加制裁発表後、クリミアを「独立した主権国家」として承認する大統領令に署名、制裁を気にとめる様子はまったくなかった。これは翌一八日のクリミア編入宣言の布石であった。一八日には日本政府もロシアに対し、査証(ビザ)発給緩和の協議停止や投資に関する国際協定締結交渉の開始凍結などの制裁措置を発表したが、これは欧米の制裁に比べれば穏やかなものだった。

三月二〇日、オバマは「ロシアの指導部を支援している」二〇人と一銀行を制裁対象に追加すると発表した。その中にはプーチンと同じKGB出身で「盟友」と称されるセルゲイ・イワノフ大統領府長官、同じくKGB出身といわれるナルイシキン下院議長、麻薬流通監督局のビクトル・イワノフ長官、GRUのイーゴリ・セルグン局長ら、いわゆる「シロビキ」と呼ばれる治安機関出身の政府高官らに加え、アレクセイ・グロモフ大統領府第一副長官、プーチンの「親友」を自任するセルゲイ・ミロノフ「公正ロシア」党首ら政官界の大物のほか、プーチンに近いことで知られるロシアの財界人が含まれていた。

このうちゲンナジー・チムチェンコ氏は世界有数の石油取引企業グンボルをスウェーデン人と共同で創設した資産家だ。アルカジー・ロテンベルク氏、ボリス・ロテンベルク氏の兄弟は政府系天然ガス企業ガスプロムにパイプなどを納入する事業を手掛ける。この三人とプーチンを結びつけるのは柔道だ。プーチンの故郷サンクトペテルブルク(旧レニングラード)の北部、ネバ川のほとりに、プーチンが名誉会長になっている柔道クラブ「ヤワラ・ネバ」がある。チムチェンコはこのクラブの共同創設者の一人で、ソ連時代にレニングラードの大学で学び、ソ連崩壊後にサンクトペテルブルク市役所で対外経済関係を担当していたプーチンと知り合った。クラブの会長はプーチンの柔道の練習相手だったアルカジー・ロテンベルクで、弟のボリス・ロテンベルクはロシア柔道連盟副会長だ。二〇一三年の推定資産はチムチェンコが一四一億ドルでロシア長者番付の九位、アルカジーが三三億ドルで三一位、ボリスが一四億ドルで七三位とされている。

政府系ガスプロム子会社との取引があるとして追加制裁の対象になった「銀行ロシア」大株主のユーリー・コワリチュク氏はプーチンと同じレニングラード大学の同窓で推定資産一一億ドル。英紙『フィナンシャル・タイムズ』によると、市役所庁舎正門の正面に本社がある同行はプーチンが大統領二期目の任期に入った二〇〇四年から一一年までに資産を四〇倍にし、「プーチン時代の新興財閥」の中核的な存在とされている。

追加制裁の発表後、ロシア大統領府も「銀行ロシア」も、双方の間に特別な関係はないと否定した。プーチンは三月二一日、「その銀行には週明けに必ず口座を開き、私の給与を振り込ませることにしよう」と冗談を言い、米側との対決姿勢を鮮明にした。ロシアも米国に対する報復制裁を発動し、三月一七日付でベン・ローズ大統領副補佐官、キャロライン・アトキンソン大統領副補佐官、ダン・ファイファー大統領上級顧問、民主党のリード上院院内総務、ベイナー下院議長、対ロ強硬派のジョン・マケイン上院議員ら計九人のロシア入国を禁じると発表した。米ロ両国はまるで冷戦時代のような制裁合戦に突入した。

5　東部二州が「独立宣言」

親ロシア派が反乱

クリミア半島でロシア軍とみられる部隊が実効支配を固めた三月上旬、ロシアとの国境に位置するウクライナ東部のドネツク州、ルガンスク州では数千人の市民がドネツク市、ルガンスク市の中心部でデモを行い「プーチン、プーチン」「NATOに反対」などと叫び、一部は州行政庁舎やテレビ局を占拠した。プーチンがクリミア編入を宣言した後の四月六日にはドネツク州行政庁舎やルガンスクの保安局（SBU）庁舎を武装したデモ隊が占拠、七日にはドネツク市のデモ隊が「ドネツク人民共和国」の樹立を宣言した。「人民共和国」はロシアに平和維持部隊の派遣を要請し、独立の是非を問う住民投票を五月一一日に実施する方針を明らかにした。

大統領代行トゥルチノフは七日夜の国民向け演説で「ロシアの目的はウクライナの不安定化と新政権の転覆、領土の分捕りだ」と非難し、「武器を手にした分離主義の動きは重大な犯罪だ」と対決姿勢を鮮明にした。内務省は八日未明に東部ハリコフで行政庁舎を占拠していたデモ隊を排除し庁舎を解放したが、ドネツク州ではスラビャンスク、クラスノアルメイスク、ドルシコフカなどに占拠が拡大した。新政権側は一五日にスラビャンスクなどでデモ隊の大規模な排除作戦を開始、双方に死傷者が出た。SBU庁舎を奪ったルガンスクのデモ隊も四月二八日に「ルガンスク人民共和国」樹立を宣言した。

ウクライナ東部の「反乱」で最も重要な役割を果たしたのが、「ドネツク人民共和国」の国防相を名乗ったイーゴリ・ストレルコフ大佐だ。最初はスラビャンスクの行政庁舎占拠を指揮し、七月初めにはドネツク市の親ロシア派に合流して軍事部門を統括し続けた。スラビャンスクでは監視活動のため現地入りした欧州安保協力機構（ＯＳＣＥ）のメンバーを一時拘束するなど武闘派として鳴らした。迷彩服と口ひげがトレードマークで、ウクライナの親ロシア派やロシアの保守強硬派の間で英雄視されるようになった。

ストレルコフとは「スナイパー」を意味する偽名で、本名はイーゴリ・ギルキンという。一九七〇年一二月一七日にモスクワでソ連内務省軍将校の息子として生まれ、九一年のソ連崩壊に伴って独立したモルドバからの分離とロシアへの編入を要求し、モルドバ政府軍と戦った「沿ドニエストル共和国」の親ロシア派部隊に所属した。九二―九三年にはボスニア紛争でロシアと同じ正教の信者が多いセルビア人勢力に加わった。九五年からはロシア南部チェチェン共和国で軍務に就いた。ウクライナ保安局によるとストレルコフはＧＲＵ所属の将校で、「クリミア共和国」首相アクショーノフの補佐官としてロシアによるクリミア編入に関与したという。ＧＲＵはＫＧＢの後身、連邦保安局（ＦＳＢ）と並ぶソ連時代以来の二大諜報機関の一つだ。ウクライナ新政権は、ストレルコフが四月初めにプーチン政権の直接の指示を受けてドネツク、ルガンスク両州の占拠作戦を開始し、四月一三日に起きたスラビャンスクでの政権側部隊との銃撃戦などを指揮したとして、殺人や国土の一体性侵害の容疑で指名手配した。

ストレルコフはウクライナ東部紛争の開始から約一年となる二〇一五年三月にドイツの週刊

誌『シュピーゲル』に「キエフはロシアの都市であり、ウクライナはロシアの一部だ。一九三九年の国境がロシアにとっての「自然な国境」であり、これを回復するのが私の夢だ」と語った。ロシア帝国の支持者で、自身のウェブサイトには「信仰、皇帝、祖国のために」という、帝政時代のスローガンが書かれている。

もう一人、「ドネツク人民共和国」の「首相」を名乗って政治部門のトップを務めたアレクサンドル・ボロダイ氏もロシア人だ。一九七二年七月二五日にモスクワで生まれ、父は哲学者で、自身もモスクワ大学哲学部を卒業して修士課程に進み、民族紛争をテーマに研究した。自称「君主制主義者」で、九四年から国営ロシア通信の戦争特派員として活動し第一次チェチェン紛争に従軍、この時ストレルコフと知り合った。その後政治コンサルタントとなり二〇一四年三月にクリミアの首相アクショーノフの顧問になった。

ドネツクでの二人の活動を支えていたのがロシアの新興財閥の一人、コンスタンチン・マロフェーエフ氏である。マロフェーエフ自身がロシア誌『エクスペルト』に、資金面で二人を支援したと認めている。ロシア正教の熱心な信者でロシアでの君主制復活を公然と唱え、米国とEUからはウクライナ危機をあおったとして制裁を科された。二〇一五年二月の英BBC放送とのインタビューではプーチンを「革命後のロシアで最良の統治者」と評している。クリミア編入とウクライナ東部の「分離独立」紛争は、君主制を支持しロシア帝国の復活を願う三人が牽引したものだった。

「ルガンスク人民共和国」政治部門のトップである「閣僚会議議長」(首相)を当初務めたワレリー・ボロトフ氏は一九七〇年生まれのウクライナ人で軍務経験があり、普段から迷彩服で記者会見した。ボロトフが二〇一四年八月一四日に辞職した後は「人民共和国」のイーゴリ・プロトニツキー国防相が「首相」となった。

「もちろん、われわれの部隊がいた」

四月一七日、モスクワでは毎年恒例のテレビを通じたプーチンと国民の直接対話があった。プーチンは冒頭から、ウクライナの政変は野党側による憲法違反の政権奪取だとの批判を繰り返し、最初に地方でのロシア語使用に関する法律の廃止を試みたり、東部の住民と対話する代わりに新興財閥や富豪を東部の州の知事に任命して、少数派であるロシア系住民に将来への強い不安を抱かせた、とウクライナ新政権を非難した。

司会者が「クリミアにいた若者たちはロシア軍にとても似ているが、誰だったのか」という質問が寄せられていると紹介した時、プーチンは「われわれの課題は、戦車や軍隊や武装した過激派がおらず、クリミアの住民が自由に意思表示できる条件を整えること、つまり、こんにちウクライナ東部で起きているような状況を避けることにあった。クリミアの自警団の背後には、もちろんわれわれの軍部隊がいた」と答えた。三月四日の記者会見で、クリミアにいる正体不明の部隊は「自警団だ」とうそぶいたプーチンの説明は、一カ月余り後にプーチン自身によって覆された。

「国民対話」の中でプーチンは「クリミアをロシア連邦に戻すことの最終的決定は、住民投票の結果を見た時になされた。事実上すべての住民が賛成した結果を見て、これ以外の決定はあり得なかった」と述べていた。しかしこの説明も、さらに約一年後の二〇一五年三月にロシア国営テレビが放映したドキュメンタリー「クリミア　祖国への道」の中でのプーチン自身の発言で否定されることになるのは前述の通りだ。

さらにプーチンは「NATOがもしクリミアに攻撃兵器を配備した場合、ロシアは黒海沿岸地域から事実上追い出される。われわれはこれに対処しなければならない」と強調し、編入の動機の一つがNATOによるクリミア支配の未然防止にあったことを示唆した。

ほぼウクライナ問題一色だったこの年の国民対話だが、プーチンにはまだ余裕があった。司会の女性キャスターが「アラスカをロシアに編入する計画はありますか？　だったらうれしいんですけど。年金生活者のファイナ・イワノブナより」という女性の質問を読み上げた時、スタジオは忍び笑いに包まれた。男性キャスターが「いまアラスカのことをアイスクリームと呼ぶのがはやっているんですよ」と補足すると、プーチンは微笑みながら「知ってます」。クリミアをロシア語では「クルィム」と発音する。北極に近いアラスカは寒いので「アイス・クルィム」、すなわちアイスクリームに似ているという駄洒落で、一八六七年にロシアが米国に売却したアラスカをクリミアの次に取り返してくれるかという意味なのだが、ここにはちょっとした毒が隠されている。プーチンがクリミアを編入した後、ロシア人の間にはやった政治小話(アネクドート)があった。「プーチンの愛人」とたびたび噂されている新体操のアテネ五輪金メダリスト、アリーナ・カバエワが女友達に次のような愚痴をこぼすという話だ。

「私はヴォフカ(ウラジーミルの愛称)に、三月八日の「国際女性の日」の贈り物に(アイス)クリームをちょうだいって言っただけなのよ。……今度はアラスカじゃないかって心配で」

クリームがほしいと言ったら、辣腕の愛人は何を思ったのかウクライナからクルィムを分捕ってくれた、というジョークだ。一見荒唐無稽に見える質問の裏にはこういう小話があることを皆が知っているので、スタジオの参加者の顔には困ったような苦笑いが浮かんだわけだが、プーチンの答えはふるっていた。

「ファイナさん、なぜあなたにはアラスカが必要なんですか?(会場に笑い)　アラスカが一九世紀に売却された時の値段は今の貨幣価値で考えれば高くはない。しかしロシアは北国だ。アラスカも寒い。まあ落ち着きましょうよ」

それまで緊張していたスタジオは笑いと拍手に包まれた。おそらくほぼ筋書き通りの質疑応答とはいえ、こういう絶妙な切り返しが「テレビ国民対話」の醍醐味であり、衰えないプーチン人気の秘密といえるだろう。

米国は四月二八日、さらに七人と一七企業を制裁対象に追加した。その中には国営石油会社ロスネフチ社長でプーチンの側近中の側近であるイーゴリ・セチン元副首相や、ドミトリー・コザク副首相、軍需企業を傘下に持つ国営企業ロステクノロジーのセルゲイ・チェメゾフ社長、ビャチェスラフ・ウォロジン大統領府第一副長官、ロシアがクリミア編入後に新設したクリミア連邦管区を統括するオレク・ベラベンツェフ大統領全権代表、反欧米的言動で知られるアレクセイ・プシコフ下院外交委員長が含まれた。セチンはプーチンがサンクトペテルブルク市役所で第一副市長をしていたころからのつきあいで、若い頃に諜報機関の要員としてアフリカなどで活動したといわれる「シロビキ」の代表格の一人である。チェメゾフはKGB時代に当時の東ドイツ・ドレスデンでプーチンと同じアパートメントに住んでいた友人だ。四月二九日にはEUが一五人を対象に在欧資産凍結やEU域内への渡航を禁じる追加制裁を発動、ロシア軍のゲラシモフ参謀総長やGRU局長セルグン、サベリエフ・クリミア担当相、ベラベンツェフらが対象となった。

親ロシア派が住民投票強行

五月一一日、ウクライナ東部の「ドネツク人民共和国」と「ルガンスク人民共和国」の支配地域で住民投票が強行された。住民投票については欧米諸国が強く反対し、プーチンも五月七日に「対話の条件をつくり出すため、住民投票は延期するよう要請する」と述べていたが、武装してウクライナ政府軍と交戦を続ける二つの「人民共和国」は「投票実施を強く決意している人々の意思に従う」として無視した。一一日の投票は二つの「人民共和国」支配地域で行われ、「ドネツク人民共和国」の「中央選管」は、独立賛成が八九・七%、反対一〇・一九%と発表した。「ルガンスク人民共和国」では賛成九六・二%、反対三・八%だった。結果を受けて両「人民共和国」の幹部はこれを独立の意思表示だとし、ロシアへの編入を求めた。

ウクライナ大統領代行のトゥルチノフは「ロシアにたきつけられたこの茶番劇にはいかなる法的根拠もない」との声明を出し、結果を認めない姿勢をあらためて示した。

ドネツクの郊外では、前倒し大統領選挙を三日後に控えた五月二二日に大規模な衝突が発生、政府軍側に一三人、「人民共和国」側に二〇人の死者が出て、四月の紛争開始以来最大規模の犠牲となった。プーチンは二三日、前倒し大統領選後には「すべての軍事行動が停止されることを望む」と双方に自制を促した。また選挙後に誕生する政権とは協力するとも明言し、ウクライナとの関係を正常化したいと強調した。プーチンとしては新大統領選出を機にこれ以上の紛争拡大を食い止め、欧米との関係も正常化したい考えだった。

6　紛争の激化

ポロシェンコが大統領に

五月二五日のウクライナ大統領選には二一人が立候補したが、ペトロ・ポロシェンコ元外相と、「革命」で獄中から解放された「祖国」党首ティモシェンコの事実上の一騎打ちとなった。ティモシェンコは「オレンジ革命」の立役者の一人だったが、ユーシェンコ政権下で首相を務めた際に穏健派の大統領と対立し、親欧米政権の失敗の原因をつくったとみられていた上、「マイダン革命」はティモシェンコより過激な民族主義者が牽引したこともあって、支持は広がらなかった。その上、三月にはロシアによるクリミア編入に激高し、元地域党幹部を相手に「ロシアのクズどもを核兵器でぶち殺すべきだわ」と言い放つ電話のやりとりが暴露され、国家元首としての資質に疑問符が付いていていた。

結果はポロシェンコが五四・七〇%の得票率で一二・八一%のティモシェンコを破り、決選投票を待たずに当選を決めた。三位は「急進党」のオレク・リャシコ党首で八・三二%。親ロシア派は地域党を離党したチギプコ元副首相が得票率五・二三%で五位となったのが最高だった。しかしロシアに編入されたクリミアでは投票が見送られ、親ロシア派が実効支配する東部ドネツク、ルガンスク両州の約三分の二では投票が妨害された。投票翌日の二六日には親ロシア派部隊がドネツク国際空港内に押し入って航空機の発着がストップ、政府軍が空港を空爆するなど、東部の戦闘は激化の一途をたどった。

煮え切らない米国

こうした中、米大統領オバマが五月二八日に米陸軍士官学校の卒業式で行った包括的な外交演説は、米国の「迷い」を反映したものだった。

後に「オバマ・ドクトリン」と呼ばれることになるこの演説でオバマは「米国は常に世界の

指導的立場にいなければならない」と宣言し、「行動を通じて国際法を守らせる意志が米国を「特別な国」にしている」と強調した。また、ウクライナ危機をめぐるロシアの振る舞いは「ソ連の戦車が東欧に侵入していた時代を思い起こさせる」とロシアの「介入」を強く非難し、不干渉主義は「二一世紀の米国の選択肢にはない」と述べ、南シナ海での中国や、ウクライナをめぐるロシアの攻撃的な行動を放置すれば同盟国に影響を与え、米軍が巻き込まれる可能性があるとして、米国の関与は重要だと訴えた。

オバマはその一方で、米国が単独で他国に軍事介入を行うには「米国への直接の脅威の存在」が必要だと強調し、軍事力の行使に自ら歯止めをかけた。これはジョージ・W・ブッシュ前大統領時代に「テロとの戦い」を名目に始められた対アフガニスタン戦争とイラク戦争という「二つの戦争」を終結させると公約して、米国初の黒人大統領に当選した自らの外交姿勢を貫く決意を示したものだったが、裏を返せば、米国に直接関係がなければ世界で何が起きても介入しない、という意味でもあった。米紙『ワシントン・ポスト』は「米国の手を縛るオバマ氏の退却外交」と評した。

ポロシェンコの当選を受けてフランスの大統領オランドは同国北西部ウィストレアムで六月六日に行われた第二次世界大戦の連合国軍によるノルマンディー上陸作戦「Dデー」七〇年を

記念する行事にオバマ、プーチン、ポロシェンコを招待した。オバマとプーチンは非公式に接触し、暴力の抑制が必要との認識では一致した。またプーチンとポロシェンコも式典会場でドイツ首相メルケルに促されて立ち話をし、東部での停戦のための実務協議をポロシェンコの正式就任直後に開始することで一致した。

短期間に終わった停戦

翌七日、四八歳でウクライナ大統領に就任したポロシェンコは、キエフの最高会議本会議場で演説し、「欧州への統合はわれわれ民族の理想の中核だ」と強調した。また「クリミアは過去も現在も、将来もウクライナ領だ」とし、「これ以外の問題ならすべてを交渉する用意がある。ロシアとの関係正常化なしにウクライナの安全保障はあり得ない」と述べた。また「私は戦争を望んでいない。大統領としての最初の仕事は停戦計画の策定になる」とし、ドネツク、ルガンスク両州で独立を唱える親ロシア派に武器を置くよう促した。

しかし独立を主張する「ドネツク人民共和国」幹部は「よその国の大統領だ。われわれには関係ない」と切り捨てた。戦闘は収まらず、一四日にはルガンスクの空港近くで政府軍の兵員を乗せた大型輸送機が親ロシア派に撃墜され四九人が死亡した。

それでもポロシェンコは停戦実現に向けて動いた。二〇日に就任後初めて訪問したドネツク州で同日午後一〇時から一週間の一方的停戦を宣言し、この間に武器を放棄するよう親ロシア派に呼び掛けた。プーチンも二二日、「すべての当事者が妥協を見いだし、ウクライナ南部と東部の住民が分かち難い国の一部と感じることができるよう、停戦に基づいて対話を始めることが重要だ」と述べてポロシェンコの和平計画を支持し、東部の親ロシア派から一定の距離を置いた。プーチンは二つの「人民共和国」が自身の求めに耳を貸さずに住民投票を強行しロシア編入を求めたことを見て、親ロシア派にかかわりすぎるリスクも感じていたに違いない。プーチンが停戦を支持したことを受けて、当初交渉入りを拒んでいた親ロシア派も、六月二三日から二七日までの停戦に応じた。対話開始を受けてプーチンは二四日、上院から与えられていたロシア軍の国外派兵権限の取り消しを求め、緊張緩和に寄与する姿勢を示した。また「一週間の停戦は短すぎる」とも述べ、停戦期間を延長するよう双方に促した。

ところが同じ二四日、ストレルコフが占拠しているドネツク州北部スラビャンスクの郊外で政府軍ヘリが撃墜され九人が死亡した。その後も親ロシア派の攻撃は止まらず、政権内部でもポロシェンコへの批判が高まった。ポロシェンコは七月一日、いったん六月三〇日まで延長されていた停戦期限をこれ以上延長しないと表明、東部での掃討作戦再開を命じ、双方は再び全面的交戦に突入した。

マレーシア航空機撃墜

悲劇はこうした中で起きた。二九八人が犠牲になったマレーシア航空機撃墜である。七月一七日、アムステルダム発クアラルンプール行きのボーイング777がドネツク州のロシア国境に近い親ロシア派支配地域に墜落し、乗客二八三人と乗員一五人全員が死亡した。機体はばらばらになって約一五キロ四方に散らばった。米主要メディアは、米情報当局が地対空ミサイルで撃墜されたことを確認したと報じた。乗客の国籍はオランダ人、マレーシア人、オーストラリア人などだった。ウクライナ危機はいったんつかみかけた停戦の機会を逃し、紛争に関係のない第三国の市民約三〇〇人の命を奪ってしまった。

オバマは一八日、同機を撃墜した地対空ミサイルは親ロシア派支配地域から発射されたと指摘し、ロシアが武器を提供していると批判した上で、ウクライナ東部での即時停戦を強い口調で要求した。国連安全保障理事会は同日、緊急協議を開催して国際調査を要求する声明を発表、さらに二一日には撃墜を「最も強い表現で」非難し、現場保存を親ロシア派に要求する決議を全会一致で採択した。

欧米各国は、同機をウクライナ政府軍機と誤認した親ロシア派が、ロシアから提供された移動式地対空ミサイル「ブーク」（ＳＡ11）で撃墜したと主張し、親ロシア派とロシアへの国際的非難が一気に高まった。これに対しボロダイは関与を否定、ロシア軍はウクライナ政府軍機による撃墜の可能性もあると指摘した。

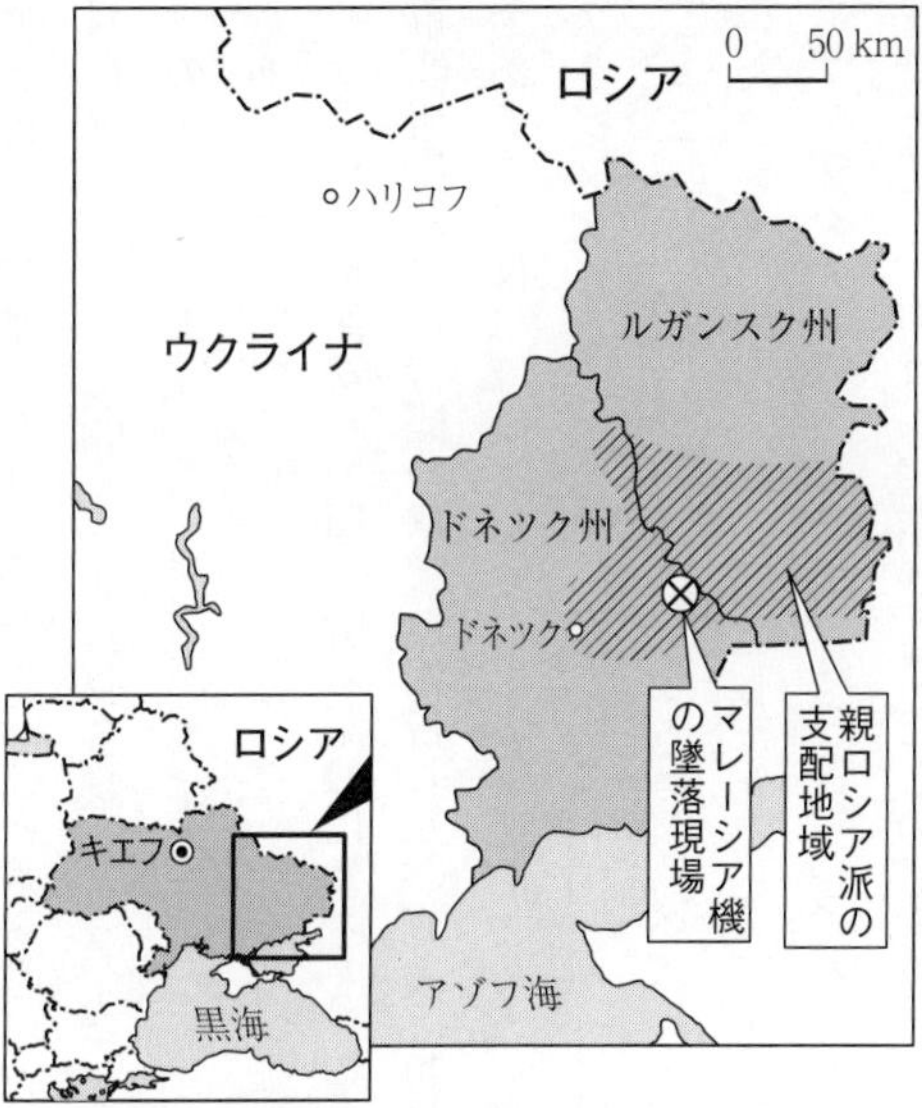

ウクライナ東部（2014年7月）

機体の残骸が散乱した現場は親ロシア派の武装勢力が厳重に「警備」しており、ＯＳＣＥ要員や、犠牲者を出した国を代表する形で事故調査を担うことになったオランダの当局者も自由な立ち入りが許可されず、原因究明は進まなかった。さらに現地を支配する親ロシア派が、すべての遺体がまだ収容されていないうちに重機を使って墜落現場を整理し始めたことに、オランダやオーストラリアなどが強く反発、ロシアと親ロシア派はごうごうたる非難にさらされた。シドニーでは市民が抗議デモを行い、一一月にブリスベンで開くG20首脳会議からプーチンを閉め出すよう求めるプラカードや、「ロシアのテロリスト ナンバーワン」などと、ヒトラーに似せたプーチンの似顔絵を掲げる人の姿もあった。

ウクライナ保安局の通信傍受記録によると、撃墜後に親ロシア派武装組織の指揮官がロシア軍情報将校に飛行機の撃墜を報告した。直後に親ロシア派武装組織のメンバー同士が「民間機であることはほぼ確実だ」などと会話していた。保安局高官は、地対空ミサイルはドネツク州スネジノエから、「ドネツク人民共和国」の部隊「ドンバス人民義勇軍」の指導者の一人で「ベス」(悪魔)の暗号名を持つイーゴリ・ベズレル司令官の命令を受け、親ロシア派に協力していたロシア軍の専門家が発射したと語った。米国務長官ケリーは七月二〇日、「ストレルコフがウクライナ軍用機を撃墜したと表明し、その後民間機だとわかるとこの書き込みは削除された」と述べ、親ロシア派の仕業だとの見方を強く示唆した。

沈黙していたプーチンは同二一日にようやく国民向け演説を行った。モスクワ郊外の大統領公邸で撮影されたビデオ声明が、クレムリンの公式ウェブサイトに掲載されたのが月曜日の午前二時前という、極めて異例の対応だった。疲れの見える厳しい表情でテレビカメラに向かったプーチンは「東部で戦闘が再開されなければ今回の悲劇も起きなかった」と交戦を続ける双方に強い不満を表し、「ロシアはウクライナ東部の状況が対話による問題解決の段階へと移行するよう、あらゆる努力をする」と述べて、国際調査団の現地入りを認めるよう親ロシア派に強く要求した。

オバマは撃墜に先立つ七月一六日、親ロシア派への武器や戦闘員の供給が続いているとしてロシアを批判、政府系天然ガス最大手ガスプロム系のガスプロム銀行と対外経済銀行(VEB)、天然ガス大手ノバテク、国営石油会社ロスネフチに新たな制裁を導入したと発表した。米金融市場での取引が制限され、米側による新たな金融サービス提供も禁止された。ほかにマレーシア機撃墜で使われたとみられるミサイル「ブーク」製造元の防空ミサイル製造大手アルマズ・アンテイや、自動小銃AK47で知られる銃器製造大手カラシニコフなどに制裁が発動された。その翌日に起きたマレーシア機撃墜を受け、米国とEUは一層の追加制裁に踏み切った。オバマは七月二九日、対外貿易銀行(VTB)、モスクワ銀行、ロシア農業銀行の政府系三金融機関に対して米国人との一定の取引を禁じ、国営軍需企業「統一造船」には米国内資産を凍結し、米国との取引を禁止すると発表した。石油掘削や油田開発に用いる機器、技術をロシアのエネルギー関連企業に輸出することも禁じた。三一日に発動されたEUの追加制裁ではプーチンの柔道仲間アルカジー・ロテンベルクや「銀行ロシア」のコワリチュク、グロモフ大統領府第一副長官ら八人と、アルマズ・アンテイなど三つの企業・団体が対象になり、ロシア政府が五〇％以上出資する銀行が新規に発行する債券や株式を欧州で購入することの禁止なども盛り込まれた。

二〇一四年末までに米国はロシアやウクライナの計五七人四五社二団体に、ＥＵは計一四一人二五社九団体に制裁を科した。これに対しロシアも一四年五月と七月に米国やカナダの軍関係者らを対象にした報復制裁を科したほか、同八月七日には米国産の農産物とＥＵ産の野菜や果物の輸入を禁止する制裁を発動した。この輸入制限はロシアに野菜や果物を大量輸出していた欧州諸国にとっては打撃だったが、スーパーに山のように並ぶ安くて新鮮な輸入野菜や果物に慣れていたロシアの消費者にも痛手となった。ロシアでは食料品価格が上がり始め、経済悪化の懸念が現実のものになり始めた。

こうした中、ボロダイは八月七日、「ドネツク人民共和国」首相の辞任を発表し、後任にドネツク生まれで武装グループを率いるアレクサンドル・ザハルチェンコ司令官を指名した。ボロダイはその数日前にモスクワを訪問したと伝えられ、突然の辞任にはプーチン政権の意向が働いたとみなされた。同一三日にはストレルコフが重傷を負ったと伝えられ、一四日には「国防相」の辞任が発表された。「ルガンスク人民共和国」トップのボロトフも同じ一四日に辞任、親ロシア派は「最高幹部の総入れ替え」となった。

ストレルコフのプーチン批判

ストレルコフはスラビャンスクを拠点にして戦っていた六月、インターネット上で「ロシアからの緊急で大規模な軍事的支援がなければ敗北は避けられない」と訴え、住民投票直後に軍を派遣しなかったロシアに強い不満を表していた。マレーシア機撃墜直後には国際調査団の現地入りを認めるよう求める各国の声を無視し、ロシアのいうことも聞かなくなっていた。事実上の更迭にはロシアの強い圧力があったとみられる。ストレルコフはその後、愛国主義が最高潮に達したロシアで保守派が「英雄」と持ち上げる存在になり、プーチン政権の「弱腰」を糾弾するようになる。

九月、ストレルコフはロシアで記者会見し、「愛国者を装った裏切り者たちはウクライナ東部のロシア系住民が本当にロシア軍の支援を必要とし、流血なしに東部各州を解放することができた時に「不可能だ、容認できない」と叫んだ」と不満を口にした。クリミアを電光石火の早業で編入したプーチンが、なぜウクライナ東部ではぐずぐずしていたのか、という無念の思いがにじんでいた。一〇月には「プーチンは自分の取り巻きからリベラルな連中を排除すべきだ。このままではプーチンはハーグの国際刑事裁判所(ICC)で裁かれることになる」と警告した。さらに別の機会には「ロシアでウクライナ東部問題を担当している連中、特に悪名高いスルコフは何の援助もしなかった」と名指しし、盟友だったボロダイについても「スルコフの指示で動いていた。いまやサーシャ(ボロダイの名、アレクサンドルの愛称)はスルコフの下でいい仕事にありついている」などと非難した。

これに対しボロダイは二〇一四年一一月二五日付のロシア紙『モスコフスキー・コムソモーレツ』に掲載されたインタビューで「『鋼鉄の司令官ストレルコフ』は私自身も含めた人々が作り上げた神話にすぎない。彼が言いたいのは「自分が残ればドネツク人民共和国は勝利していた」ということだが、偽りだ」と反論した。一二月には「ストレルコフをクリミアからドネツクに入れたのは私だった。しかしスラビャンスクから到着した時の彼は精神的に正常ではなかった。だから後方に送ったのだ」と暴露した。ストレルコフとボロダイの非難合戦からは、一一二期目のプーチン政権で主に政界の裏工作を担当し、その後大統領補佐官になったスルコフがボロダイを使ってストレルコフら「武闘派」をウクライナ東部に投入したものの、勝手に戦闘を激化させ統制が効かなくなったため排除した、という構図が浮かび上がってくる。

「ロシア軍が東部に侵入」

現地では八月半ば、ロシア軍が国境を越えてウクライナ東部に侵入したとの見方が出始めた。英紙『ガーディアン』は、八月一四日夜にロシア軍の兵員装甲輸送車が車列を組んでウクライナ東部ルガンスク州に越境するのが目撃されたと報じた。同二五日には、ロシア中部コストロマの連隊に所属し、一週間前に計三五〇—四〇〇人の人員と約六〇台の軍事車両などで構成する部隊の一員として、二四日にひそかに越境したとみられるロシア軍空挺部隊員一〇人が、ドネツク州内で拘束された。拘束された兵士らはキエフで記者会見させられ、ロシア軍越境の事実は隠しようがなくなった。二七日にはアゾフ海に面するドネツク州ノボアゾフスクなどが制圧された。プーチンは二九日未明に声明を発表、「親ロシア派が軍事的に大きな成功を収めたことは明らかだ」と指摘し「軍事行動を早急にやめ、紛争の平和的解決のため親ロシア派との交渉の席に着くよう」ポロシェンコ政権に要求した。

この時はロシア軍がウクライナ領内に侵入し、一時劣勢に陥った親ロシア派を支援してウクライナ政府軍の部隊を東部で敗走させた、との見方が一般的だ。親ロシア派が軍事的に優位に立つ形で本格的な和平交渉に入るための地ならしだったとも、あるいはロシアが軍事力を使ってポロシェンコ政権に停戦と和平交渉を強制した、ともいえるだろう。しかしその後もロシアは、ウクライナ領内にロシア軍部隊はいないと一貫して主張し続けた。

7　困難な和平への模索

ミンスク和平合意

軍事的に追い詰められたポロシェンコ政権は、九月五日にベラルーシの首都ミンスクで事態正常化に向けた和平会合を開くことに同意せざるを得なかった。ウクライナと親ロシア派は即時停戦や、親ロシア派支配地域に「特別な地位」を付与することなど一二項目の「ミンスク合意」に署名し、停戦や捕虜交換でも一致した。ロシアはこの合意を「プーチンの和平計画」と説明し、停戦に貢献したと胸を張った。ポロシェンコは八月二五日に最高会議（議会）を解散して一〇月二六日に前倒し議会選挙を実施することを決めており、全土での平静な投票実施のためにも停戦実現の必要性に迫られていた。

議会選で躍進したのは、二〇一四年六月発足のポロシェンコ政権で正式に首相に就任したヤツェニュクの新党「国民戦線」だった。ロシアを「テロリスト」と非難するなど、ヤツェニュクは内閣発足から三カ月余りで政権内の「対ロシア強硬派」を代表する存在になっていた。外相の経験もあり、堪能な英語で「ロシアと親ロシア派がウクライナの主権を侵害している」と国際社会に訴え続けた。ロシアとの国境に武器や兵士の違法越境を食い止めるための「壁」を建設すべきだと提唱し、「ポロシェンコ政権内部の好戦派」としてロシアの強い反発を買った。

一〇月の最高会議選挙を前にヤツェニュクはティモシェンコの「祖国」を離党し、ポロシェンコ政権の国家安全保障防衛会議書記に就任した元大統領代行トゥルチノフと二人で「国民戦線」を立ち上げた。離党の背景には、ティモシェンコが二人の反対を聞かずに五月の大統領選挙に立候補したことがあったといわれる。二人はポロシェンコに近く、親欧米派の候補一本化に応じなかったティモシェンコが「国益より個人の野心を優先した」と見て袂を分かった。

議会選でポロシェンコはロシアを批判しながらも和平推進を訴える現実路線を取った。ヤツェニュクらの「国民戦線」はNATO加盟に言及しながら対ロ強硬路線を強調、ティモシェンコの「祖国」はポロシェンコのプーチンとの和平合意を厳しく批判した。二六日の選挙では定数四五〇のうち大統領与党の「ポロシェンコ連合」が小選挙区と比例代表を合わせて一三二議席を獲得して第一党となり、「国民戦線」は八二議席で第二党となった。ほかに民族派が強い西部を地盤とする親欧米の「自助党」が三三議席、地域党出身者を中心とする親ロシアの「野党連合」は二九議席、過激な民族派「急進党」は二二議席だった。ロシアとの徹底抗戦を唱えた「祖国」は一九議席、極右の「自由」は六議席にとどまったが、比例代表では「国民戦線」が二二・一六％を得票して二一・八三％のポロシェンコ連合を抑えてトップとなり、国民の間では「好戦派」への支持が強いことが明らかになった。

泥沼化

ミンスクの和平合意の後も戦闘は収まらなかった。東部の親ロシア派「ドネツク人民共和国」「ルガンスク人民共和国」は一一月二日、実効支配する地域で独自に選挙を実施し、「ドネツク」ではボロダイから最高指導者の地位を引き継いだザハルチェンコが、「ルガンスク」ではボロトフの後任の指導者プロトニツキーが当選し、「選挙で選ばれた国家元首と議会が存在する独立国家」の形を整えた。ポロシェンコはこれを「ミンスク合意違反」と非難し態度を硬化させた。議会選で「好戦派」の躍進を許したポロシェンコは、対ロ強硬路線に軸足を移さざるを得なくなった。ポロシェンコはロシアを「侵略者」と呼び、東部の紛争は「全欧州の自由と民主主義のための戦いだ」と欧米に一層の支援を呼び掛けるようになる。ミンスク合意の後にいったん沈静化の兆しをみせた現地での戦闘は再び活発化し、毎日のように犠牲者が出た。

国連人権高等弁務官事務所（ＯＨＣＨＲ）は、四月の紛争開始以来のウクライナ東部での死者が一二月二日までに四七〇七人に達し、ミンスク合意が成立した九月六日以降でも一三五〇人を超す死者が報告されたと発表した。

東部の戦闘は越年し、新年の休暇が明けた二〇一五年一月にはドネツク市近郊でバスが砲撃され一三人が死亡するなど、一般市民が犠牲になる攻撃が頻発した。同二四日にはドネツク州南部のマリウポリで住宅地域が砲撃され住民約三〇人が死亡、一〇〇人以上が負傷した。東部の激しい戦闘は、米国がポロシェンコ政権への武器供給の検討を始め、これに驚いたドイツとフランスが仲介したプーチン、ポロシェンコを含む四カ国首脳会談が一五年二月に再びミンスクで開かれるまで続くことになる。

第2章

戦略なき独立

—ウクライナ略史—

2004年11月，独立広場で支持者に政権への抗議行動を呼び掛けるウクライナ大統領選の野党候補ユーシェンコ(左)とティモシェンコ(提供：タス＝共同)

1　近代まで

「ロシアの都市の母」

プーチンがクリミア編入を宣言したクレムリンでの演説でウクライナを「ロシアのすべての都市の母」と呼んだ通り、歴史上、現在のウクライナの首都であるキエフは現在のロシア、ウクライナ、ベラルーシに住む東スラブ人の居住地で、九世紀に成立したキエフ・ルーシの中心と考えられている。キエフ・ルーシはウラジーミル大公が一〇世紀末にビザンチン帝国からキリスト教を受容して繁栄したが、キエフが一三世紀にモンゴルに征服されて公国は衰退し、スラブの中心は現在のロシアにつながるモスクワ公国に移っていった。現ウクライナの西部リビウを中心とするガーリチ・ボルイニ公国が一三四〇年代に消滅し、その後ウクライナの地はリトアニアとポーランドが支配した。

一四八〇年にキプチャク汗国の支配から脱したモスクワ公国は古代ローマ帝国、ビザンチン帝国に次ぐ「第三のローマ」を自称して国力を強化し、ロシア人の先祖とされるルーシの君主を自任してリトアニアと争った。「イワン雷帝」と呼ばれたイワン四世は一五四七年に初めて「ツァーリ」を公的称号として取り入れた。

一方、一五世紀頃からロシア南部やウクライナのステップ地帯に住み着いた者たちが自治的な武装集団を作り上げ、「コサック」と呼ばれるようになった。コサックは次第に強大化したため、ポーランド王はコサックを登録制度下に置いて「王の軍人」としての地位と政治的自治を与え、その軍事力を利用するとともに一定の統制をしようと試みた。一六世紀には「コサックの英雄」とされるボフダン・フメリニツキーが現れてポーランドの支配に対する反乱を組織、一六四八年にはポーランド軍を破って休戦協定を結び、キエフやチェルニゴフなど、現在のウクライナ中部・東部の大部分を傘下に置く「ヘトマン(コサックの頭領)国家」が形成された。その後もポーランドと勢力争いを続けたフメリニツキーは一六五四年に、モスクワのツァーリの宗主権を認める代わりに、その軍事的援助と保護を受けてコサックの自治を維持するという「ペレヤスラフ協定」を結んで、ポーランドに対抗しようとした。しかし五六年にモスクワはポーランドと結び、これに怒って巻き返しを図ったフメリニツキーも翌五七年に病没したため、ペレヤスラフ協定は現在のウクライナの地がロシア帝国に併合されるきっかけを作ったとも評価されている。この歴史を念頭に、現在のロシア人には、ウクライナは自ら進んでロシアに恭順し併合されたのだと考えている人が多い。

ロシア帝国に併合

一六六七年のモスクワとポーランドの「アンドルソボの講和」により、ドニエプル川の左岸(ウクライナ東部)はモスクワ、右岸(ウクライナ西部)はポーランドの支配が確立した。

一六八九年にモスクワで、摂政だった皇女ソフィアが失脚しピョートル一世の側に実権が移ると、一六八七年にドニエプル川左岸のヘトマンに就任していたイワン・マゼッパはピョートル側に付いて信頼を勝ち取り、一七〇五年にはドニエプル川右岸に攻め入って一時は左右両岸を支配した。モスクワからの自立を図ったマゼッパは、〇八年にピョートルと勢力を争っていたスウェーデンのカール一二世の側に付いてモスクワを裏切ったが、〇九年の「ポルタヴァの会戦」でスウェーデン＝コサック連合軍をピョートル率いるモスクワ軍が破り、マゼッパは亡命先で死亡、ヘトマン国家はモスクワの支配下に置かれ、モスクワ国家は「ロシア」と称するようになった。マゼッパについては、ロシアでいまも時々上演されるチャイコフスキーのオペラ「マゼッパ」の中でかなりの悪人として描かれている。

ロシアのエカテリーナ二世の時代、一七八〇年代にコサックの軍もロシア軍に組み込まれ、一定の自治を維持していたヘトマン国家は最終的に消滅、ロシア帝国に併合された。右岸にはポーランド貴族が残っていたが、ロシア、プロイセン、オーストリアによるポーランド分割でポーランド自体が消滅し、ウクライナの大部分はロシア領に、西部の一部がオーストリア領となった。一七七五年にエカテリーナ二世は露土戦争で獲得した黒海沿岸地域を「ノボロシア」(新ロシア)県とし、寵臣ポチョムキンを総督に任命した。

2　ソ連時代——チェルノブイリの衝撃

ソ連発足に参加

第一次世界大戦のさなか、ロシアで起きた一九一七年二月の革命でニコライ二世が退位しロシア帝国が崩壊すると、三月にはキエフにウクライナの自治を目指す「中央ラーダ」が結成された。当時のロシアの首都ペトログラード(現在のサンクトペテルブルク)の「臨時政府」が中央ラーダを承認し、五県に限って自治を認められたが、一〇月にロシアの社会主義革命でボリシェビキ(後のソ連共産党)が臨時政府を武力で倒しソビエト政権を樹立すると、キエフの中央ラーダはこれを認めず、「ウクライナ国民共和国」創設を宣言した。以後ソビエト政権とウクライナ独立を主張する民族主義者らが入り乱れての内戦状態が続いた末、一九二一年までにボリシェビキが最終的に勝利した。ウクライナ東部のハリコフにボリシェビキが成立させていた「ウクライナ・ソビエト共和国」は、二二年のソビエト社会主義共和国連邦に発足当時のメンバー国として加わり、九一年のソ連崩壊に伴う独立まで、ウクライナはソ連の一構成共和国として存続し続けた。しかしソ連において各共和国は事実上「県」のような行政単位にすぎなかった。独裁者スターリンの死後にソ連共産党第一書記として最高権力の座に着いたフルシチョフが一九五四年、フメリニツキーが結んだ「ペレヤスラフ協定」から三〇〇年を記念して、クリミア半島をロシア共和国からウクライナ共和国に「ツルの一声」で帰属替えしたのも、ソ連にとっては国境の変更を伴わなかったからにほかならない。

ウクライナ東部のドニエプル、ドンバス地方(ドネツク、ルガンスク両州を中心とするドン川流域を略してドンバスと呼ぶ)では一九世紀末期に炭田と鉄鉱石の大きな埋蔵量が確認されて工業化が進んだが、ソ連時代にはこれがさらに加速し、ロシア国境に近いウクライナ東部は一大重工業地域となった。宇宙ロケットやミサイルなどの軍需産業も発展し、ユジマシ、アントノフなどの著名企業がウクライナ国内にあった。

ソビエト政権の下ではモスクワによりウクライナの「ロシア化」政策が進められたが、ウクライナのアイデンティティを保とうとする民族運動は水面下で続いた。

チェルノブイリ原発事故

ウクライナの歴史を語る時、ソ連時代末期に起きたチェルノブイリ原発事故に触れないことはできない。ゴルバチョフ共産党書記長（のちのソ連大統領）による改革路線「ペレストロイカ」（立て直し）が始まっていた一九八六年四月二六日未明、キエフ北方のプリピャチ市にあったチェルノブイリ原発四号機が爆発を起こし、大量の放射性物質を大気中に放出した。チェルノブイリ原発は、危険度が高いとされる黒鉛減速沸騰水型で構造上の問題もあったが、事故の直接の原因は作業員らがマニュアルを無視して実施した試験運転にあった。火災を封じ込めるために、多くの作業員や消防関係者は防護服も満足に着けないまま消火活動に当たり、数十人が急性放射線被害で死亡したほか、大勢がその後も障害に苦しむことになった。半径三〇キロに立ち入り制限区域が設けられ、計三三万人が移住を余儀なくされた。がんなどによる死者は国際原子力機関（IAEA）やロシア、ウクライナ政府がつくる「チェルノブイリ・フォーラム」が約四〇〇〇人と、世界保健機関（WHO）が最大九〇〇〇人と推計しているが、実態はよくわかっていない。

当時ソ連共産党政治局員でゴルバチョフの改革路線を支持していたエドアルド・シェワルナゼ外相(のちにグルジア大統領、二〇一四年七月死去)には、二〇一一年三月の福島第一原発事故後に、トビリシ郊外の自宅でインタビューした。シェワルナゼは、ソ連の最高指導部にいた自分にすら現地で何が起きているのかがすぐには知らされず、事故への対応や住民の避難指示に決定的な遅れが出たと証言した。地球環境の破壊という脅威に対処するためには国境を超えた協力が不可欠だということを教えたという意味で事故は「世界史の転換点」だったとみるシェワルナゼは、「政治と道義は切り離すことができない」と強く自覚するようになったという。事故の前年に最高権力者である書記長になったばかりのゴルバチョフはこの事故を機に、ソ連時代の特徴だった隠蔽体質を改め、情報を公開する「グラスノスチ」を全面的に推進するようになったが、事故はソ連各地で反原発運動を呼び起こし、民主化要求やソ連の構成共和国の中央政府への不信と離反の動きが拡大していく。保守派の反撃でペレストロイカが停滞する中、自身も九〇年一二月の人民代議員大会で「独裁が近づいている」と警告して突然外相を辞任したシェワルナゼは、事故はソ連崩壊を早めた「一つの要因だった」と述懐した。

事故についてはゴルバチョフも事故発生から二〇年を前にした二〇〇六年三月、ロシアの独立系週刊紙『ノーバヤ・ガゼータ』に「事故は私に深い衝撃を与え、地球(環境)に対する私の態度を変えた」と回想し、「平和目的の核施設でも、事故が起きればこれほど大きな被害を与える」という事故の教訓が、後にロナルド・レーガン米大統領らと進めた核軍縮と東西冷戦の終結につながったと語っている。

現場での消火活動は文字通り、自分を犠牲にした英雄的な奮闘だった。消防隊長として消火活動を指揮したレオニード・テリャトニコフ氏の妻ラリーサさんからは〇六年三月に話を聞くことができた。亡き夫や子供と一緒に撮影した大きな写真が掲げられたキエフ郊外のアパートで取材に応じたラリーサさんによると、普段は「じゃあまたね」と言って出勤する夫は事故発生の連絡を受けた直後、「愛するラリーサ、お別れだ」と言い残して原発職員の町プリピャチのアパートから出て行った。自身も技術者だったラリーサさんには「夫は生きて帰れないかもしれない」とわかっていたという。高レベルの放射線を浴びながら奇跡的に一命を取り留めたテリャトニコフの血液では、リンパ球の四〇％で染色体異常が発生していたことが、広島市にある放射線影響研究所で一九八九年に行われた検査で判明している。事故後、当時のソ連では最高の栄誉だった「ソ連邦英雄」の称号を与えられ、重度の免疫障害やがん性の腫瘍に苦しみながら地道に消防の活動を続けたテリャトニコフは、がんのため二〇〇四年一二月二日に五三歳で亡くなるまで、「最も控えめな英雄」と呼ばれてウクライナ国民の尊敬を集めた。訃報が伝えられたのはキエフの「独立広場」がユーシェンコ支持の市民一〇万人で埋め尽くされていた「オレンジ革命」の真っ最中だったが、テレビ各局は政治のニュースを中断して「英雄の死」を一斉に報じた。

チェルノブイリ原発事故は隣国ベラルーシ、ロシア領内にも多量の放射性物質を降らせ、住民の健康被害を引き起こしただけでなく、ロシアとウクライナの関係にも微妙な影響を与えた。エネルギー資源に乏しく、原油や天然ガスをロシアに頼っていたウクライナにとって、原発はエネルギー問題解決の切り札となるはずだったが、事故のおかげで原発増設は難しくなった。

クーデター未遂事件

言論の自由が制限され、「諸民族の共存」がうたわれたソ連時代、ウクライナ民族主義は弾圧されていたが、ゴルバチョフが始めたペレストロイカにより、ウクライナでは民族組織「ルフ」(ウクライナ語で「運動」の意)が急速に影響力を拡大した。

一九七二年以来ウクライナ共産党第一書記の座にあった保守派のシチェルビツキーが八九年に失脚し、ドニエプロペトロフスク州党第一書記だったイワシコが後任に就任した。九〇年、イワシコがソ連共産党の副書記長になることが決まると、最高会議議長にはウクライナ共産党第二書記だったレオニード・クラフチュクが就任し、ウクライナ共産党は「キエフ派」と「モスクワ派」に分裂した。クラフチュクは「キエフ派」のリーダーとなり、非共産勢力と協力して最高会議で「主権宣言」を可決した。

ウクライナの独立の動きに決定的な影響を与えたのが一九九一年八月、ソ連共産党保守派がソ連大統領で党書記長のゴルバチョフを休暇中のクリミア・フォロスの別荘に軟禁したクーター未遂事件である。ペレストロイカで混乱に陥ったソ連を再生しようとゴルバチョフが追求した「新連邦条約」締結を阻止するため、ヤナーエフ副大統領らソ連共産党保守派が「国家非常事態委員会」の設置を宣言し、ゴルバチョフは「病気」だと発表して権力の奪取を図った。

波の穏やかな黒海に面したクリミア半島南部のフォロスに、事件の舞台となった建物はウクライナ大統領の別荘として今も残されている。案内してくれた警備担当者は「ほとんど当時のままだ。変わったのは、「槌と鎌」のソ連国章がウクライナの「三叉の矛」に取り換えられたくらいかな」と話してくれた。九一年八月一八日、前触れもなく別荘を訪れたワレンニコフ地上軍総司令官、ボルジン大統領府長官ら「国家非常事態委員会」のメンバーはゴルバチョフに辞任を迫り、拒否されると、ライサ夫人ら家族と共に外部との電話連絡が絶たれた別荘内で軟禁状態に置いた。

この時、核兵器の発射にゴーサインを出すために大統領が携行している「核のスーツケース」が奪われ、持ち去られていた。ロシアの軍事専門家によると、ソ連の核兵器発射装置は軍参謀本部にある中枢のコンピューターと、大統領、国防相がそれぞれ持つ二つの「核のケース」の計三つに分かれており、全部のボタンが押されない限り核ミサイルは発射されない仕組みになっていた。ゴルバチョフの「ケース」がクーデター首謀者側に渡っていても核が使われる可能性は実際にはなかったことになるが、クーデターが失敗に終わるまでの三日間、大統領の「核のケース」がどこにあったのかは関係者の証言が食い違い、いまだにはっきりしない。ソ連のクーデター未遂は、核保有国の政治的混乱が世界にとっていかに危険であるかを物語っている。

「国家非常事態委員会」はソ連第二の共和国ウクライナの指導部にも同調を求めた。当初クーデターに明確に反対しなかったとされるクラフチュクも翌一九日にクーデター側を批判、支持を与えなかった。ゴルバチョフは二一日にモスクワに復帰し、二四日にはソ連共産党書記長の辞任を表明して党中央委員会に自主解党を勧告し、ソ連の各共和国をまとめていた巨大組織である共産党の解散が決まった。

同じ二四日、ウクライナ最高会議は「ウクライナは独立した民主主義国家であることを宣言する。領内ではウクライナの法と憲法だけが効力を持つ」という内容の独立宣言決議を採択し、一二月一日に独立の是非を問う国民投票を実施すると表明した。この臨時最高会議での演説でクラフチュクはソ連共産党中央委員とウクライナ共産党政治局員を辞任すると表明、ウクライナの独立の動きは加速した。

ちなみにこのクーデター未遂事件について、当時サンクトペテルブルク市役所で対外関係委員会議長だったプーチンは「テレビで首謀者の顔ぶれを見た時に、すぐ失敗すると思った」とインタビュー本『第一人称で』(邦題『プーチン、自らを語る』扶桑社、二〇〇〇年)の中で述べている。プーチンはこの事件で「ＫＧＢで私が抱いていた理想と目標がすべて崩れ去った」と述懐する一方、首謀者の一人だった当時のクリュチコフＫＧＢ議長については「クーデター側にいたが、立派な人物だった。いまでも彼を尊敬している」と語っている。さらにプーチンは二〇一四年一一月八日、同じく首謀者の一人だったヤゾフ元国防相の九〇歳の祝賀会にショイグ国防相と共に出席し勲章を授与するなど、複雑な態度を示している。

「棚ぼた」の独立

一九九一年一二月一日のウクライナ国民投票で、独立は九〇・三二％の賛成で承認された。

同時に行われた大統領選ではクラフチュクが得票率六一・五九％で初代大統領に選ばれた。クラフチュクは直後の八日にロシア共和国のボリス・エリツィン大統領、ベラルーシのスタニスラフ・シュシケビッチ最高会議議長と、ベラルーシの「ベロベージエの森」で会談し、ソ連の解体と独立国家共同体（ＣＩＳ）創設についての「ベロベージエ合意」に署名した。これによりウクライナの独立は確定した。大きな混乱も流血もない、あっけないほどの独立達成だった。

ウクライナの独立を最終的に決めたベロベージエ合意は、ソ連解体により大統領のゴルバチョフを排除したいロシア共和国の大統領エリツィンと、ウクライナ民族悲願の独立を達成したいクラフチュク、それにエネルギーなどの経済問題でロシアとの関係を維持したいシュシケビッチの合意だった。シュシケビッチは後に「最初はソ連を解体するつもりなどまったくなかった。しかしベロベージエで三人で話し合ってみると、ソ連は既に存在していないことがわかった。ソ連は八月のクーデター未遂事件の時になくなっていた」と、言い訳めいた回想をしている。積極的だったのはゴルバチョフとの権力闘争に決着をつけようとしたエリツィンと、大統領選出と同時に行われた国民投票で圧倒的な「独立」賛成を突きつけられ、後戻りできなくなっていたクラフチュクの二人だった。

当時についてクラフチュクは二〇〇六年一一月、ソ連崩壊から一五年を前にした私とのインタビューで次のように語った。

「最初は（ゴルバチョフが目指していた）ソ連の刷新案を支持していたが、その後、ゴルバチョフとその取り巻きはうわべを少し変える以外は何も変えるつもりがないということがわかった。八月のクーデター未遂事件の後は、モスクワの人間は共産党員であるかないかにかかわらず、何も変えたくないのだと理解した。私はようやく、われわれはウクライナを発展させるためのもっと過激な道に向かって自分で立ち上がるしかない、と決断した。つまり独立国家をつくる道だ。……私は（ソ連を崩壊させたと）多くの批判にさらされているが、ソ連はわれわれの合意がなくても既に自壊を始めていた。全体主義国家ソ連は、どんな小さな民主主義とも、情報公開制とも共存できない制度だったからだ。われわれがやったことは、ソ連を自然崩壊させず、崩壊を管理したことだ。もし自然崩壊に任せたら、数百万人が犠牲になっていただろう。われわれの決定は正しかったし、三つの共和国の憲法にも国際法にも従った決定だった」

ソ連の終焉

モスクワ中心部を取り囲むサドーボエ環状道路沿いにある小さな古い建物の中の執務室で会った男は鷲のような鋭い眼を光らせ、特徴のある甲高い声で、まるで大学の講義のように一方的に話し続けた。一九九一年当時エリツィンの側近としてロシア共和国国務長官を務め、その辣腕で「灰色の枢機卿」の異名を取ったゲンナジー・ブルブリス氏はソ連崩壊のシナリオを書いたといわれる人物だ。エリツィンが引退しプーチンを後継者に指名した後に政治の表舞台から退いたブルブリスには二〇一一年六月、クーデター未遂から二〇年を前に話を聞いた。当時大学で教鞭を執っていたブルブリスは「ソ連という全体主義帝国の平和的解体と、核兵器の管理、ウクライナ、ベラルーシ、カザフスタンからの核兵器の自発的放棄を実現した合意のシナリオを書いた偉大な戦略家は、この私だ」と強い自負心をあらわにしながら、次のように語った。

「『ペレストロイカの子供』だったわれわれは、ソ連を全体主義国家から、民主的で情報が公開された、正しい競争のある、そして人権を擁護する国家に作り替えようとしたが、「地域間代議員グループ」として活動するうちにゴルバチョフの一貫性のなさ、決断力のなさに非常に落胆させられた。そこで新たな戦略が必要になった。

一九九一年八月のクーデター未遂事件はソ連の全体主義システムにとって「政治のチェルノブイリ」だった。事件の首謀者らは、国を崩壊に導いたソ連のシステムのいかなる転換もまったく受け入れる気がないことがわかった。ベロベージエ合意は考え出されたのではなく、ソ連の崩壊が避けられなくなったという条件の下で、崩壊のゆっくりした進行を確実にするために必要だった。それがなければ状況がコントロールできなくなり、経済的にも破滅的な状況に至る恐れがあったからだ。一二月一日にウクライナの国民投票で独立賛成が一〇〇％に近く、またクラフチュクが大統領に選ばれたことで状況はまったく新しいものになった。新たな合意が必要になり、それでエリツィン、クラフチュク、シュシケビッチはベロベージエに集まった。ソ連は八月のクーデター未遂事件の後、事実上なくなっていた。その時ソ連はもう崩壊させることすらできなかった。内部から崩れたのだ」

ソ連でロシアに次ぐ五〇〇〇万の人口と大きな経済力を持っていたウクライナは、ソ連創設にもソ連崩壊にも、決定的な役割を果たすことになった。

一二月二一日、ソ連カザフ共和国アルマアタ(現アルマトイ)で、ソ連を構成していた一二共和国のうちグルジアを除く一一カ国の首脳による会議が開かれ、ベロベージエ合意の支持とCISの創設で一致した。グルジアも後に加盟を決定し、CISはソ連から独立した一二カ国の集合体として発足した。ゴルバチョフは同二五日にテレビ演説で大統領の辞任を表明した。モスクワのクレムリンから赤い国旗が降ろされ、ソ連は消滅した。

核兵器の自発的放棄

クーデター未遂事件の際にゴルバチョフの「核のスーツケース」が奪われたことが示しているように、ソ連崩壊は、核兵器の管理をどうするかという深刻な問題を抱えていた。現に独立時点のウクライナは約一八〇の大陸間弾道ミサイル（ＩＣＢＭ）と約一八〇〇の核弾頭が領内に配備され、米国、ロシアに次ぐ世界三位の核保有国だった。

首都キエフから車で四時間余りのウクライナ南部キロボグラード州ペルボマイスク基地跡は現在は博物館となって、「冷戦」時代の遺物である核ミサイル発射施設を展示している。私が現地を訪れたのは二〇一一年一一月だった。敷地内には、ソ連時代にウクライナ東部ドニエプロペトロフスクの軍需企業ユジノエで製造され、現在もロシアの主力ＩＣＢＭであるＳＳ18（別名「サタン」）が置かれていた。

地上の入り口から狭くて薄暗い通路を何分も歩き、四人乗りの小さなエレベーターで地下一一階の司令室に入ると、ボタンやランプが無数に並んでいる。ソ連時代はここに三人の士官らが六時間交替で二四時間勤務し、地上から暗号の発射指令があれば三人のうち二人が操作盤に鍵を差し込んで回し、灰色の「発射」ボタンを二人が同時に押すと一五秒後にはミサイルが発射される仕組みになっていた。ミサイルは約一五分で欧州に到達し、欧米とソ連の核による反撃の応酬で世界は破滅に至ったはずだった。

自身も一九八七年から約四年間この司令室で勤務したという元将校エドアルド・サディロフ氏は「潜水艦勤務に似ている」と当時を振り返り、発射命令があったらどうしたかという私の質問には「もちろん、ためらわずにボタンを押すつもりだった」と静かに微笑んだ。

「核大国」ウクライナの独立には、これらの核兵器をどうするかという問題の解決が避けて通れなかった。そのため、ソ連解体で一致した三首脳のベロベージエ合意には「核兵器の一元管理とその不拡散を保障する」との一項が盛り込まれていた。

ウクライナは独立にあたり、領内のすべての核兵器を放棄した。この決断をしたクラフチュクは二〇一一年一〇月、キエフで私の二度目のインタビューにこう答えた。

「最初、皆が私に、核兵器は持ち続けるべきだと強く主張した。しかしウクライナは核弾頭を製造しておらず、配備された核弾頭はロシアのものだった。核弾頭が老朽化してもウクライナは自分で交換できず、古くなった核弾頭は環境や人間の健康に重大な被害をもたらす恐れがあった。一九九七年には老朽化した核弾頭の廃棄を始めなければならなかったが、エリツィンからは「危険なので九七年以降にはロシアはウクライナから核弾頭を引き取らない」と通告された。もしわれわれがその時になってロシアに引き取りを頼めば、「代わりにクリミアをよこせ」と要求されることもあり得た。

米国からは、核兵器を放棄しないなら経済制裁も辞さないと強い圧力をかけられた。核兵器の維持は政治的にも危険だった。核の放棄はウクライナ自身の決定だった。ブルブリスの発案ではない」

クラフチュクは、チェルノブイリ原発事故の経験も核兵器自主放棄の決定に「非常に大きく影響した。事故はウクライナに今も克服できない重大な被害をもたらした。だからこそ、国民は起こり得る被害の恐ろしさを理解しており、核兵器の放棄という決定を受け入れる用意があったのだ」と説明した。

当時、軍部や最高会議の保守派を中心に核放棄に反対する声も根強くあった。キエフで話を聞いたアナトリー・ロパタ元ウクライナ軍参謀総長は「核放棄の決定は誤りだった。核兵器は効果的な抑止力であり、核戦争に勝者はないという理解こそ、他国への手出しを思いとどまらせている要因だ。ウクライナが核兵器を持っていれば、まったく違う国になっていただろう。経済は安定し、対ロシア関係ももっと緊密になっていた。国際社会では強い国が敬われるのだ。先達が言ったように、平和が欲しければ戦いに備えることだ」と主張した。

クラフチュクは、こうした考えを「ポピュリズム（大衆迎合）だ。核兵器の維持は技術的にも倫理的にも不可能だった」と断言する。クラフチュクは一九九四年の前倒し大統領選で対立陣営から核放棄の決定を批判され再選を阻まれたが、「今、核を放棄すれば大統領にはなれないと言われたとしても私は核放棄のほうを選ぶ。決定は正しかったと確信している。核兵器は他国に何かを強制するための手段だ。人類は核の脅威なしに発展していくべきだ」と語った。九四年の大統領選でクラフチュクの核放棄決定を批判し、独立ウクライナの第二代大統領に当選した対立候補とは、ウクライナを代表するミサイル製造企業ユジマシのトップだったレオニード・クチマである。

ウクライナは九四年一月、国内の戦略核のロシアへの移管と全面廃棄を七年以内に行うことで米ロと最終合意した。同年一二月には核拡散防止条約(NPT)に加盟し、核兵器を放棄する代わりに米国、英国、ロシアがウクライナの安全を保証するという「ブダペスト覚書」を締結した。核兵器は九六年までにロシアへの移送を終え、ウクライナは核武装を自ら放棄する選択をした希有な国となった。しかし二〇一四年にロシアが部隊を派遣してクリミアを編入したことを受け、この「核放棄の妥当性」が再び議論されることになるとは当時は想像もつかなかっただろう。ウクライナの新政権は当然ロシアの義務違反を非難し、潘基文国連事務総長もロシアの「約束違反」を批判した。ブリンケン米大統領次席補佐官(国家安全保障担当)は一四年六月六日のワシントンでの講演で、北朝鮮やイランを念頭に「過去に核兵器を放棄したウクライナがロシアから領土を奪われたことで、ほかの国々が核放棄をためらいかねない」と懸念を表明した。ウクライナ危機は、核不拡散の観点からも悪しき前例となった。

プーチンが核軍縮に極めて慎重で、むしろ核戦力の強化を図っている理由もこのあたりにありそうだ。逆にウクライナに対してプーチンは、相手に核兵器がないことに乗じてクリミアを素早く手中に収めるという冷徹なリアリストぶりを発揮した。

3　オレンジ革命

与野党の激突

キエフ中心部の「独立広場」の抗議デモからヤヌコビッチ政権崩壊に至る政変がなぜ起きたのかを理解するためには、二〇〇四年の「オレンジ革命」の経緯を知る必要がある。この中途半端に終わった民主化が伏線となっているからだ。

当時、ウクライナは不穏な雰囲気に包まれていた。現職のクチマ大統領は任期中に一定の経済発展に成功したが、同年秋の大統領選には憲法の三選禁止規定のため立候補できず、後継者としてドネツク出身の首相ヤヌコビッチが出馬することが固まっていた。しかし典型的なソビエト官僚でウクライナ語が苦手なヤヌコビッチは人気がなく、世論調査では親欧米の野党「われらのウクライナ」を率いるビクトル・ユーシェンコ元首相が支持率で上回っていた。政権の支配下にあるテレビなどのマスメディアはユーシェンコら野党側を「国の安定を破壊する異端分子」「外国のスパイ」として扱い、ユーシェンコの遊説は政権側の様々な妨害に遭っていた。

ユーシェンコは一九五四年二月にスムイ州で教師の家に生まれた。テルノポリ財政経済大学を卒業して金融界に入り、九三―九九年まで独立後のウクライナ中央銀行総裁を務め、新通貨フリブナ導入を成功させた。九九年一二月に二期目のクチマ政権下で首相になり財政再建を主導した。ユーシェンコ内閣への支持率は五〇％を超えたが、反汚職キャンペーンが東部の新興財閥の不興を買い、二〇〇一年四月に最高会議で不信任決議が可決され総辞職した。ユーシェンコは同年末に中道左派の野党勢力でつくる「われらのウクライナ」党首に就任、〇二年の最高会議選挙で同党を最大野党に躍進させ、〇四年の大統領選挙の有力候補となった。

対照的にヤヌコビッチはたたき上げの政治家だった。一九五〇年七月、ロシア国境のドネツク州エナキボで冶金工場労働者の父と看護師の母の間に生まれたが母は幼少時に亡くなり、再婚した父は息子を顧みなかったため祖母の手で育てられた。一六歳から冶金工場などで働き、工場長、ドネツク州副知事、州知事へとのし上がって二〇〇二年一一月には首相に抜擢された。ヤヌコビッチ内閣は高い経済成長を実現する一方、クチマ政権の強権に抗議する野党支持のデモを治安部隊の力で封じ込めた。ヤヌコビッチは出身のドネツクを中心に経済界、特に鉄鋼・金融などを幅広く手掛ける企業グループ「システム・キャピタル・マネジメント」のオーナーでウクライナ第一の富豪リナト・アフメトフ氏らの利益を政界で代表する「番頭」と評されていた。ゆっくり話す大男で、遊説先で生卵を投げつけられてその場に倒れ、ボディーガードに抱きかかえられて立ち去る様子が野党系テレビで繰り返し放映されるなど、国民に尊敬されているとは言い難かった。

クチマの大統領時代は政権と新興財閥との癒着が強まり、多くの疑惑が取り沙汰された。政権批判の抑え込みに躍起となったクチマ政権は次第に強権化し、二〇〇〇年九月には政権の腐敗を追及していた有力ニュース専門サイト「ウクラインスカヤ・プラウダ」のゲオルギー・ゴンガゼ記者が失踪し、後に惨殺体で発見された「ゴンガゼ事件」が起きる。二カ月後に野党、社会党のモロス党首が記者会見してクチマ本人がゴンガゼ記者を「始末」するよう命じた盗聴録音があると暴露、キエフではクチマの辞任を求める数万人のデモが起き、与野党の対立は一気に先鋭化した。

政策面でもヤヌコビッチがクチマ政権の継承、政治的安定と経済成長、対ロシア関係の強化を掲げたのに対し、ユーシェンコはクチマ政権を支える新興財閥の政治からの排除、汚職追放、民主化、欧州への統合推進を目指しており、与野党の路線はほとんど正反対だった。

〇四年九月には、ユーシェンコが猛毒のダイオキシンを摂取させられてオーストリアの病院に入院し、選挙運動を一時中断する事件が起きた。ユーシェンコが遊説に戻った時には顔面に麻痺と皮膚のただれが残り、「ハリウッドのスター」のようだといわれた端正な顔立ちが失われていた。野党側が相変わらず選挙運動を妨害される中、選挙直前にはキエフの街のあちこちにユーシェンコ陣営のシンボルカラーであるオレンジ色の旗が掲げられた。大勢の市民がオレンジのリボンを結んで出勤し、運転手は車のアンテナにオレンジのリボンを結んで走った。政権に対する国民の怒りの表現だった。

この年のウクライナ大統領選に対してロシアのプーチン政権が見せた関心の高さは国内選挙と変わらないどころか、ある意味それを上回っていた。欧州連合(EU)、北大西洋条約機構(NATO)への将来的な加盟を訴えるユーシェンコが当選すれば、ロシアは東方への拡大を続けるNATOとの間に位置する重要な緩衝地帯を失うことになりかねない。プーチンはこの年、たびたびクチマと会談し、政権の路線継続を求めた。プーチンは投票日を一〇月三一日に控えた同二六日から二八日までキエフを訪問し、二六日夜にはウクライナ国営テレビなど三大テレビ局の生放送のインタビューに応じて両国の協力の必要性を説き、「ヤヌコビッチ内閣は高い成長だけでなく、質的にも優れた経済を実現した」などと、大統領選候補者の名前を何度も口にした。二八日にはナチス・ドイツからのウクライナ解放六〇周年の記念行事に出席し、キエフ中心部でヤヌコビッチ、クチマと一緒に並んで軍事パレードを観閲した。例年一一月六日に行われる解放記念行事を大統領選前に繰り上げ、プーチンを招いて実施したやり方は「ロシアによる選挙介入」と批判された。

選挙結果に市民が抗議

二四候補が参加した一〇月三一日の第一回投票では大方の予想に反してユーシェンコの得票率が三九・八七%と、三九・三二%のヤヌコビッチを上回った。この時既にユーシェンコ陣営は、同じ有権者が不在者投票証明書を何度も使って数カ所の投票所を回りヤヌコビッチへの投票を繰り返したり、あらかじめヤヌコビッチの名前に印が付けられた投票用紙を集計直前に投票箱に投げ込んだりするなどの組織的不正が政権側の手で行われたと批判していた。

一一月二一日の決選投票が締め切られた直後、親欧米のラズムコフ研究所やロシアの中立系世論調査機関レバダ・センターなどが実施した合同出口調査ではユーシェンコ五四%、ヤヌコビッチ四三%だったが、この結果を伝えたのは野党寄りのテレビ局「第五チャンネル」だけだった。国営放送などは一斉に「出口調査でヤヌコビッチ優勢」と報じた。

中央選挙管理委員会がヤヌコビッチ優勢の中間集計を発表すると、ユーシェンコ選対は独自集計ではユーシェンコが勝っているとして結果の受け入れを拒否した。

二二日、野党側の求めに応じて独立広場に大勢の市民が集まった。オレンジ色のネクタイとマフラーをしたユーシェンコは独立広場を拠点に抵抗を続けるよう訴え、夜には約一〇万人が広場や付近のフレシャーチク通りを埋め尽くした。「独立広場での抗議デモ」を「マイダン」と呼ぶようになるのはこの頃からだ。

若者らは広場にテントを張って泊まり込み、キエフの市民が食事やお茶を差し入れて抗議デモは常態化した。数万人が昼も広場に居座り続け、夜になると仕事を終えた市民が再び一〇万人集会を開き、ユーシェンコら野党政治家や野党支持の著名人らが登壇して政権批判を繰り返すというのがパターンになった。広場の仮設舞台にはウクライナ・ロック界の大御所タラス・ペトリネンコや、二〇一四年の政変に政治家として参加することになるボクシングのビタリー・クリチコらが登場するなど、日本の大学の学園祭のような雰囲気だった。政権に対する人々の怒りは大きかったが、殺気立ってはいなかった。参加者らは野党政治家らを支持し、暴力ではなく抗議デモの力で政治を変えられると信じていた。そこが、流血の大惨事となった一四年の「マイダン」との最大の違いだった。

扇動家ティモシェンコ

「オレンジ革命」の際に独立広場で主導的役割を果たしたのが、急進的野党「祖国」の女性党首ユリヤ・ティモシェンコ元副首相である。一九六〇年一一月にウクライナ東部ドニエプロペトロフスクに生まれたティモシェンコはロシア語が母語だが、ウクライナ語も流暢に話す。ロシアのメディアなどによると、幼少の頃に父が家庭を捨てたため貧しい母子家庭で育った。一九歳の時、かかってきた間違い電話の相手と話し込み、会う約束をして結婚したという逸話は有名だ。その相手がウクライナ共産党幹部の息子で、ユリヤはティモシェンコという新しい姓と、支配層への縁故を手に入れた。

海賊版ビデオのレンタルを皮切りに実業界に入り、九〇年代初めに石油製品の取引を始めてロシア産天然ガス輸入を手掛けて成功し「ウクライナで最も裕福な女性」「天然ガスのプリンセス」と呼ばれた。重要な商談にはミニスカート姿で臨み、ロシアの政府系天然ガス企業ガスプロムのビャヒレフ社長や、豊富なガス埋蔵量で知られるトルクメニスタンの独裁者ニヤゾフ大統領らを手玉に取ったといわれる。九六年の最高会議補欠選挙で初当選し、九九年自らの政党「祖国」を創設して、同年一二月に発足したユーシェンコ内閣に副首相として入閣するなど、経済界から政界に進出したティモシェンコは、自らが後に激しく対立することになる典型的な「新興財閥」の一人だった。二〇〇一年の大統領令によるティモシェンコの副首相解任と脱税容疑による逮捕は、内閣の反汚職キャンペーンに対する財閥側の反撃だった。裁判で無罪を勝ち取って政界に復帰したティモシェンコは、その美貌に加え、当時の大統領クチマを「赤毛のゴキブリ」と言い放つ過激な演説で、既成政治に不満を募らせる若者や都市部の貧困層を引きつけた。本来の黒髪をブロンドに染め、古いウクライナの農村風のスタイルに編み上げた髪形はこの頃からトレードマークとなった。

野党の抵抗運動が始まった二〇〇四年一一月二二日に独立広場に登壇したティモシェンコは「明日は決定的な日になる。きょうの一〇倍の人数で最高会議を取り囲もう。議会が中央選管に不信任を突きつけないなら大統領府へと向かい、道路や空港を閉鎖し、中央郵便局を奪取する。機を失ってはならない」と呼び掛けた。広場からティモシェンコの愛称「ユーリャ！　ユーリャ！」の連呼が始まると、マイクの前に立っていたティモシェンコ自身がこれを遮って

「ユー・シェン・コ！」と叫び、やがて広場はユーシェンコの名を呼ぶ大合唱で埋め尽くされていった。

元中央銀行総裁のユーシェンコの演説が細かい数字を挙げ退屈なことが多いのに対し、演説の名手ティモシェンコは大衆動員に頼る野党側の力の源泉となり、デモを扇動するティモシェンコを欧米メディアは「ウクライナのジャンヌ・ダルク」と書き立てた。ある時、キエフでの記者会見に大幅に遅れて現れたティモシェンコは「ごめんなさい。なにしろ革命的な状況なので」と笑顔を見せた。独立広場にいつ治安部隊が投入されデモが鎮圧されるかという緊張した雰囲気の中で、彼女だけが「革命を楽しんでいる」という観があった。

「国民の大統領」

大統領選の不正問題を協議する一一月二三日の臨時最高会議が閉会された直後、議員らがまだ着席している最中に、議場内にいたユーシェンコが突然演壇に上がり、ヤジと歓声が交錯する中、聖書に手を置いて大統領就任宣誓を一方的に行った。夕刻に独立広場に登壇したユーシェンコは「最高会議で宣誓し正統な大統領になった」と宣言し、「国民の大統領だ」と歓呼で迎えられた。この後、独立広場では連日一〇万人規模の集会が開かれ、若者らはユーシェンコ陣営のオレンジ色の旗を持ち、「われわれは多数だ、われわれは屈しない」という歌を歌いながら夜通しキエフの中心部を練り歩いた。「解放区」と化した独立広場の様子は逐一、野党支持の唯一のテレビ「第五チャンネル」が放送し続けた。

この第五チャンネルのオーナーが、当時「われらのウクライナ」所属の最高会議議員で、二〇一四年の政変後に大統領となるポロシェンコだ。ソ連の映画監督エイゼンシュテインが「戦艦ポチョムキン」を撮影したことで知られるウクライナ南部オデッサ近郊で一九六五年九月に生まれたポロシェンコは、キエフ大学で経済と国際関係を学んだ後ビジネス界に進出、食品関連企業を傘下に持つ企業グループ「ウクルプロムインベスト」の総帥となり、菓子メーカー「ロシェン」を創業して財を成したことから「チョコレート男爵」と呼ばれた。一時「地域党」に所属したが後に自前の政党「連帯」を立ち上げ、首相職を解任されたユーシェンコに接近して「われらのウクライナ」に加わり、野党の主要な資金源となった。

二四日、沈黙を守っていたクチマが野党支持のデモ隊を非難し、中央選管がヤヌコビッチ当選を正式に発表すると、ユーシェンコ陣営は野党各党指導者でつくる「救国委員会」設置を表明して対抗した。二五日夜、「救国委員会」は独立広場で「人民の権力が復活した」と宣言し、自前の治安組織創設などを含む七項目の「布告」を発表した。ティモシェンコは「政府庁舎、最高会議、大統領府の平和的で組織的な封鎖を開始する。すべての行政職員には建物からの退去を認める。ただし明日からの登庁は認めない」と宣言し、事態は革命の様相を帯びてきた。

同じ夜、ソ連国家保安委員会（KGB）の後身である諜報機関、ウクライナ保安局（SBU）の将校二人が制服姿で独立広場に登壇し、「われわれは選挙結果に強い疑問を抱いている。最高裁判事の諸君に自らの義務を果たし、ウクライナに法の支配が存在していることを証明するよう呼び掛ける。……警察官、特殊部隊員はわれわれと共に、国民と共にあれ。国民に仕えるために奉職したことを忘れてはならない」との「SBUのメッセージ」を読み上げた。続いて警察幹部や警察学校生が登壇して群衆に熱狂的に迎えられるなど政権側からの治安機関の離反が始まり、流れが変わった。

米紙『ニューヨーク・タイムズ』によると、将校を独立広場に派遣したのは、リベラルな発想の持ち主だったイーホル・スメシュコSBU長官だった。過去の犯罪歴が野党によって暴露されていたヤヌコビッチが不正な選挙で治安機関を束ねる大統領になることを望まなかったスメシュコは、二四日にユーシェンコと密かに会談し、独立広場への実力行使はしないと約束したという。

二六日の朝からキエフの政府庁舎、最高会議、大統領府はオレンジの旗を持つ大勢の群衆に取り囲まれ、政府機能は麻痺状態に陥った。野党の動きを無視していた政権支配下のテレビ局が独立広場の中継をするようになり、客観報道が始まった。市内中心部は三〇万人のデモ隊であふれ、クチマはヤヌコビッチ、ユーシェンコ両陣営に対話と和解を呼び掛ける声明を出した。

『ニューヨーク・タイムズ』は政権内部の亀裂についても伝えている。この日の会議で、デモを実力で解散させないのはなぜかとヤヌコビッチがクチマをなじり、戒厳令の布告や新大統領の就任日程を早く設定するよう求めると、クチマは「いつからそんな口がきけるようになったんだ。その勇気があるなら今の話をマイダンでしてみろ」と切り返した。同席していたスメシュコが、マイダンに軍を投入しても市民が激しく抵抗するだろうと警告し「あなたは内閣の長として非常事態宣言を発令し、実力行使を命令することもできます。そうされますか？」とたたみかけると、ヤヌコビッチは黙り込んだという。

二六日夜には独立広場の舞台に制服姿のウクライナ軍合唱団約三〇人が登場し、愛国の歌を披露した。メッセージの読み上げなどはなかったが、軍は独立広場に介入しないという姿勢が明確になり、広場のデモ隊は合唱団を歓喜で迎えた。当時のオレクサンドル・クジムク国防相が一年後に私に語ったところによると、野党側についていたキエフ市当局から「独立広場で歌ってほしい」と要請があったという。クジムクは「軍は国民の軍であり、国民の選択を支持することを示すため私自身が出演を許可した」と明かした。合唱団を率いたドミトリー・アンタニュク団長も「軍が秩序回復のため出動を準備していると噂されていたので、軍は国民と共にあることを示したいと思い、団員全員で投票して出演を決めました。許可願いは国防相に届いていたはずです」と証言した。

二六日、隣国ポーランドのクワシニエフスキ大統領、リトアニアのアダムクス大統領、EUのハビエル・ソラナ共通外交・安全保障上級代表が急遽ウクライナ入りし、政権側と野党側との対話を仲介して事態収拾のための円卓会議が開かれた。双方は実力行使をしないことを申し合わせたが、野党側は政府関係庁舎の封鎖を解かなかった。

東部、南部で分離の動き

「オレンジ革命」の最中に、一〇年後のウクライナ危機につながる重要な動きがあった。親ロシアのヤヌコビッチを支持する東部や南部ウクライナの一五州とクリミア自治共和国、セバストポリ特別市の知事や議員らが、一一月二八日に東部ルガンスク州セベロドネツクで「大会」を開き、「地域間自治体連合」設立を決議して、ヤヌコビッチこそ正当に選ばれた大統領だと宣言した。大会にはドネツク、ドニエプロペトロフスク、ジトミル、ザポロジエ、ザカルパチア、キロボグラード、ルガンスク、ニコラエフ、オデッサ、ポルタヴァ、スムイ、ハリコフ、ヘルソン、チェルカスィ、チェルニゴフの一五州と、クリミア自治共和国、セバストポリ市の知事や地方議員ら約三〇〇〇人が出席した。ドネツク州のコレスニコフ知事は、仮にユーシェンコが大統領になればハリコフを首都とする新たな「南東ウクライナ共和国」を立ち上げるべきだと述べた。大会に出席したヤヌコビッチは「大統領！」の掛け声で熱狂的に迎えられ、「期待に応えるべく、あらゆる努力をする」と宣言してしまった。

出席はヤヌコビッチの独断だったようだ。驚いたクチマは即座に「「南東共和国」樹立などという考えは憲法違反だ」と述べてこの動きを認めない意思を鮮明にし、両者の溝は広がった。クチマには、大統領をヤヌコビッチに継がせるために国を分裂させる覚悟まではなかった。

同じ日の午後一一時ごろ、いつもより遅く独立広場に登壇したティモシェンコは、「分離主義に加担した」としてヤヌコビッチの首相解任や、ドネツク、ルガンスク、ハリコフの各州知事の解任と刑事訴追を二四時間以内に行うようクチマに要求する救国委員会の最後通告を発表した。ティモシェンコの演説は普段以上に激烈で、厳しいものだった。

「二四時間以内にこれらを実行しなければ、クチマの行為は刑法が禁じる「ウクライナ国民の利益に反する不作為」とみなされる。われわれはキエフの大統領府だけでなく、クチマが住む郊外の公邸も封鎖し、幹線道路の交通を遮断する。あす二九日に臨時最高会議を召集して首相解任を決議し、ワシリエフ検事総長を罷免して野党の連立による新内閣を発足させる」

ティモシェンコはさらに「政権側は今夜、独立広場の抗議デモを解散させようと計画している」と述べ、警察や軍に「人民の側につき、武力行使命令を拒否するよう」呼び掛けた。

決選投票やり直し

キエフ市内が、東部からバスで動員された「ヤヌコビッチ支持」のデモ隊と、独立広場を占拠し政府庁舎、大統領府などを封鎖した「ユーシェンコ支持」のデモ隊とのにらみ合いで騒然とする中、クチマは二九日、ついに「野党が求める選挙やり直しに応じてもよい」と発言した。これを機に情勢は一気に「再選挙」に傾いた。ヤヌコビッチの選対本部長を務めていたチギプコ中央銀行総裁が両方の辞任を表明し、再選挙が行われれば「自分が立候補する」と発言するなど、ヤヌコビッチは周囲から見限られ始めた。

三〇日には、決選投票直後の二二日に訪問先ブラジルからわざわざ電話して、いち早くヤヌコビッチの「当選」を祝福したプーチンが、ドイツのシュレーダー首相との電話会談で再選挙を容認する立場を示した。追い詰められたヤヌコビッチは「私が大統領になればユーシェンコが大統領権限を大幅に移譲する。やり直し選挙になった場合でも、ユーシェンコが立候補を辞退すれば私も出馬を取りやめる」と提案したが、既に再選挙への流れは固まっていた。一二月一日には最高会議で野党提出のヤヌコビッチ内閣不信任決議が僅差で可決された。

この日の夜、ＥＵや隣国ポーランドが仲介して与野党の交渉が行われ、双方は実力行使の回避や再選挙実施に向けた不正防止のための法改正、閣僚任免など大統領権限の議会への大幅な移譲を含む政治改革、野党支持者による政府庁舎の封鎖解除など六項目で合意に達した。この「政治改革」条項により、ユーシェンコは仮に再選挙で当選しても大きな権限のない大統領になる恐れがあったが、野党側は再選挙に持ち込んでも選挙の不正がなくならなければ意味がないと判断して妥協に応じた。一方、守勢に回っていた政権側にとっては、再選挙での敗北を見越して親欧米の大統領をあらかじめ弱体化しておくという意味合いがあった。この条項が、再選挙後に就任するユーシェンコの権限を失わせ、政局を迷走に導いていくことになる。この日の妥協で野党の実力行使による政権奪取はなくなり、「オレンジ革命」は本物の革命にはならなかった。与野党合意の後、仏頂面のヤヌコビッチとテレビカメラの前で笑顔で握手したユーシェンコは生来の「人のよさ」を見せた。政治ニュース専門のインターネット新聞「グラブレッド」のビクトル・シリンチャク編集長は「革命が敗北した瞬間」と評した。

再選挙実施は最終的に、決選投票の有効性を審理した最高裁判所の判断で決まった。不正を指摘した野党側の提訴で一一月二九日から始まっていた審理では、ヤヌコビッチの地盤である東部各州を中心に票の水増しや報告票数のごまかしなど数々の大規模不正が明るみに出た。審理五日目の一二月三日、ヤレマ裁判長は決選投票を無効とし、決選投票のみのやり直しを一二月二六日に実施するよう命じた。その瞬間、十字を切りながら判決を聞いていた野党側代理人らは抱き合って喜び、この様子をテレビの生中継で見ていた独立広場の市民らは「勝った、勝った」と歓声を上げた。

日が暮れてから独立広場に登壇したユーシェンコは初めてVサインを掲げ、「これは皆さんの勝利だ。ウクライナは民主主義の大国になった。ウクライナに栄光あれ」と演説した。一〇万人の群衆が「ウクライナの自由と栄誉はいまだ死なず／われらを幸いへと導く／祖国の自由に身を捧げよ／コサックの末裔ならば」という国歌を合唱し、打ち上げられた花火が昼間のように広場を照らした。この夜、キエフの街頭では見知らぬ人同士が互いに「民主主義のために」と言いながら握手し、抱き合って最高裁決定を喜んだ。

やり直し決選投票でユーシェンコは五一・九九％を得票し、四四・二〇％のヤヌコビッチに大差を付けて当選した。翌二〇〇五年の一月二三日に大統領に就任したユーシェンコは欧州への統合を目指すと明言した。二月四日に首相に任命されたティモシェンコは、最高会議で満面の笑顔を見せながら右手を突き上げた。しかしティモシェンコの首相就任には、「革命」を資金面で支えたポロシェンコが強い不満を示したとされる。両者は自ら起業して成功を収めた経歴や野心の強さで共通していたが、華やかな容姿に過激な言動、独立広場でのデモ扇動など派手な振る舞いを好んだティモシェンコに対し、ずんぐりした体型でお世辞にも美形とはいえないポロシェンコは実務家肌で政治的には中道、穏健派だった。ポロシェンコは新政権で国家安全保障防衛会議書記という地味なポストを引き受けるが、まもなく汚職対策などをめぐってティモシェンコと対立し、公然と非難合戦を始める。

親欧米政権の混迷

「オレンジ革命」で〇五年に誕生した新政権は同年九月に早くも内部分裂を起こし、二月に発足したばかりのティモシェンコ内閣は革命の「盟友」だった大統領ユーシェンコの手で全員が解任された。原因は主導権争いと路線対立だった。ユーシェンコは就任後最初の外遊先にあえてロシアを選び、経済協力を話し合う大統領直属の委員会立ち上げなどでプーチンと合意したが、ティモシェンコは欧州への統合加速や新興財閥の政治からの排除、汚職追放などの急進的改革を主張し、ユーシェンコやポロシェンコと激しく対立した。インフレの進行や経済成長の鈍化などで国民の不満が高まる中、最高会議選挙を翌年三月に控えた閣僚らは権力争いに終始した。九月八日、たまりかねたユーシェンコが閣議でティモシェンコを名指しで批判し、全閣僚の解任に踏み切った。ユーシェンコは次期首相に指名したドニエプロペトロフスク州のエハヌロフ知事に対する承認を最高会議で得るため、政敵ヤヌコビッチとの妥協に走った。ユーシェンコには、実直だが決断力に欠け、「他人の意見に左右されやすい」との人物評がある。ユーティモシェンコは「またユーシェンコが裏切った」と怒りをぶちまけた。「オレンジ革命」を牽引した二人の蜜月は一年と続かなかった。

外交関係ではロシアが〇六年から天然ガスを四・六倍に値上げするとウクライナに通告したため交渉は決裂し、契約が切れた〇六年一月一日に、事実上ロシア国営の天然ガス企業ガスプロムはウクライナ向けのガス供給を停止した。四日に実質二倍の値上げで妥協に至るまでウクライナ経由の欧州向け天然ガス供給量も大幅に低下し、真冬のエネルギー危機はウクライナだけでなく、ロシアのガスに頼る欧州諸国を震え上がらせた。

三月の最高会議選挙ではユーシェンコの与党「われらのウクライナ」が大敗、ヤヌコビッチの地域党が第一党に、首相を解任されたティモシェンコの「祖国」を中心とする「ティモシェンコ連合」が第二党に躍進した。「オレンジ革命」の際に合意された大統領権限の縮小に関する憲法改正が〇六年一月に発効し、首相をはじめとする主要閣僚は最高会議の多数派が任命する形に変わったため、連立交渉はまとまらなかった。ティモシェンコの首相再任に強く反対したユーシェンコは八月にヤヌコビッチの地域党、親ロシアの共産党、中道左派の社会党と「われらのウクライナ」による四党連立で合意し、ヤヌコビッチが首相に返り咲いた。

しかしヤヌコビッチは親欧米派が反対してきたロシア語の第二公用語化やロシアとの関係強化を打ち出し、「われらのウクライナ」所属議員を切り崩して次々と地域党に入党させた。「われらのウクライナ」は連立を離脱、ユーシェンコは〇七年四月にヤヌコビッチ派の牙城である最高会議の解散と前倒し選挙を命じて、再びティモシェンコとの共闘を模索したため、政局は混迷を続けた。経済も悪化し、国民の間には幻滅と政治不信だけが残った。

政権末期、政治的混乱と経済の低迷の中でユーシェンコは反ロシア色を一段と強め、第二次世界大戦中にナチス・ドイツと協力した民族主義者バンデラに「ウクライナ英雄」の称号を与えたりした。これにはユーシェンコ政権を支持してきた欧州諸国も懸念を表明した。

二〇一〇年一月の大統領選挙では現職ユーシェンコが得票率五・四五%で五位と惨敗し、二月の決選投票ではヤヌコビッチが同四八・九五%で、四五・四七%のティモシェンコを抑えて当選を決めた。ヤヌコビッチ政権は発足後まもなくティモシェンコに対する刑事捜査を開始し、一一年八月に首相在任中の職権乱用の罪で逮捕した。政治的には憲法改正で「オレンジ革命」以前の大統領の強力な権限を復活させ、政権基盤を盤石なものにした。ヤヌコビッチはロシアと欧州の双方に「いい顔」をして最大限の利益を引き出そうとし、政権末期にはEUとの連合協定締結に走ったが、プーチン政権から大規模な経済支援を提案された上、ティモシェンコの釈放を連合協定締結の条件にされたためロシアに接近、EUとの連合協定締結を「中止する」と発表して独立広場での大規模デモを招き、一四年二月に政権は崩壊することになる。独立広場の激しい反政府デモと流血は、「オレンジ革命」以来の政治不信が頂点に達し、デモ参加者が普通の市民ではなく「右翼セクター」などの過激な民族主義者で占められていたこと、議会に議席を占める政党が機能しなくなっていたことの結果であった。

第3章

漂流する世界

2015年3月，クレムリンでプーチン大統領と会談するロシアのショイグ国防相（左）とゲラシモフ参謀総長（右）（提供：タス＝共同）

1　戦後秩序の「制度疲労」

機能不全の国連安保理

ウクライナ危機が示したのは、主に第二次世界大戦の結果として出来上がった現存の国際秩序の枠組みが制度疲労を起こし、もはや十分に機能しなくなっているという現実だった。

大戦終結直後の一九四五年一〇月二四日に世界の安全保障や国際協調のシステムとして発足した国際連合は、組織の中枢といえる安全保障理事会の常任理事国が戦勝した主要五カ国である米国、英国、フランス、ロシア(旧ソ連)、中国によって構成され、このうち一カ国でも拒否権を行使すれば決議ができない仕組みになっている。冷戦時代には米国とソ連が互いに拒否権を行使し合い、イスラエルとパレスチナが対立する中東和平問題などは進展しなかった。ソ連でゴルバチョフ書記長(当時)が始めたペレストロイカによる冷戦終結と、その後のソ連崩壊により米ロの拒否権の応酬は減ったが、ウクライナ危機ではロシア非難の決議案をロシアが拒否権行使で葬り、安保理では米国のパワー国連大使とロシアのチュルキン国連大使が冷戦時代を彷彿とさせる非難合戦を繰り返した。

国連憲章の第一章第一条には国連の目的について「国際平和と安全の維持、その目的のため平和に対する脅威の防止と除去、侵略行為その他の平和破壊行為の鎮圧のために有効な集団的措置を取る。また平和的な手段で、国際法の原則に従って国際紛争の解決を図る」と書かれている。第二条には「全加盟国は国際紛争を平和的手段によって解決する」「全加盟国は他の国家に対する武力による威嚇や武力の行使を慎む」などと明記され、第八章第五三条には「いかなる強制行動も安全保障理事会の許可を必要とする」と規定されている。国連発足後も世界各地でたびたび武力が行使され、特に米国が主導したイラク戦争などでは武力行使を容認する国連安保理決議のないままイラク攻撃が行われて当時のフセイン政権が倒されたことが示すように、国連憲章はこれまでも完全に順守されてきたとはいえないが、ウクライナ危機は、国連が安保理で拒否権を持つ常任理事国の振る舞いに対してはほとんど無力に近いという現実をあらためて見せつけた。

重みを増すＧ20

序章で触れたとおり、常任理事国同士の対立で素早い意思決定ができない国連安保理に代わって、近年は主要国首脳会議(G8サミット)が世界の重要課題を話し合う場となっていたが、クリミア編入後のロシア排除によりG8の枠組みは崩壊した。ただ実際にはそれ以前から、中国、インド、ロシアなどの経済発展により先進国同士の話し合いだけではさまざまな問題は解決不能になっており、G8サミットではアウトリーチ会合として中国やインド、南アフリカなど新興国の首脳を招くことが通例化していた。

例えば地球温暖化対策は、経済成長を続ける主要な温室効果ガス排出国である中国やインドの協力がなければ効果が半減する。また南シナ海での岩礁埋め立てやサイバー攻撃など、中国の台頭はこれまでの国際安全保障の枠組みでは対応できない問題を生み出した。欧米と対立したロシアは、その中国との同盟関係を深め、米国一極集中に対抗しようと図っている。ロシア外相ラブロフが「あらゆる重要課題はいまや二〇カ国・地域(G20)で話し合われている」と指摘するとおり、ロシアにとっては、近年BRICSとして連携を強めている中国、インド、ブラジル、南アフリカなどが含まれているG20首脳会合のほうが重要度を増している。

2　プーチンの世界観

「米国は成り金」

プーチンは二〇一四年一〇月二四日、冬季五輪の会場だったロシア南部ソチで開かれた、ロシアの政治学者や世界各国のロシア専門家らを招いての毎年恒例の国際フォーラム「ワルダイ会議」で講演した。その内容は、冷戦終結後の米国による「単独行動主義」に対する、プーチンの二〇〇〇年の大統領就任以来最も厳しい批判だった。同時にこの講演は、米誌『タイム』（一五年四月）や『フォーブス』（一四年一一月）などで米大統領オバマを抑えて「世界で最も影響力ある指導者」とされたプーチンが現代の国際社会をどう見ているのか、世界の秩序はどうあるべきだと考えているのかをよく示している。

「『外交官の舌は真実を語らないためにある』と言われるが、何を考えているのかを率直に話すのでなければ、こうしたフォーラムに集まる意味はない」と、この人らしい皮肉な言い回しで講演を始めたプーチンは「本日のテーマ『新しいルールか、ルールなきゲームか』は、こんにちのわれわれが選択を迫られている歴史的分岐点をよく表していると思う。実際、世界の政治、経済、社会の根本的変化に気付かないわけにはいかない」と述べた上で、次のように続けた。

世界には矛盾が蓄積している。だが、現存する世界や地域の安全保障体制が激動からわれわれを守ってくれるという保証や確信はない。既存の体制は弱体化し、細分化され、変形してしまっている。世界の秩序を維持するメカニズムの多くは第二次世界大戦の結果として形成された。このメカニズムが堅固だったのは、力のバランスや勝者の権利に基づいたからだけではない。創設者たちがお互いを尊重し合い、合意の形成を心掛けたからでもある。この抑制と均衡のメカニズムはここ数十年、うまく機能していなかったが、決して破壊してはならないものだった。少なくとも代替物をつくることなく破壊してはならなかった。そんなことをすれば、露骨な力以外には何も残らないからだ。しかし「冷戦の勝者」を自任する米国は自信過剰になり、そんな配慮は必要ないと考えた。そして新たな力のバランスが築かれる代わりに、急激なアンバランスの深化に向かう歩みが行われた。

冷戦は終結したが、世界は平和にはならなかった。また、既存のルールや基準の順守、新たなルールの設定という合意はできなかった。「冷戦の勝者」は状況を掌握し、すべてを自分の利益のためだけに作り直そうと決めたようだ。そして、それまでの国際関係や国際法、抑制と均衡のシステムがこの目的達成の邪魔になった場合には、そのような体制は役立たずで古くさく、即刻取り壊すべきだと宣告された。こんな振る舞いは、突然巨万の富を手にした成り金のようなものだ。そして世界の支配権という富を賢く適切に使う代わりに、さまざまなヘマをしでかした。世界の政治で、客観性や公平性より「政治的に妥当かどうか」が勝るようになった。勝手な解釈と偏向した評価が国際法の規範に取って代わった。

プーチンは、米国の言いなりにならない国には武力の行使、経済的手段やプロパガンダによる圧力、内政干渉が行われていると指摘し、「最近では世界の指導者に対するあからさまな脅迫が行われている証拠も明らかになっている。いわゆる「ビッグ・ブラザー」が自分に最も親しい同盟国を含めた世界中を監視するために何十億ドルものカネを使っている。……われわれ全員にとって、そんな世界に暮らすことが快適で安全なのだろうか？　そういう世界は公平で合理的だろうか？　米国が世界のあらゆることに干渉していることで安寧と平穏、進歩や繁栄、民主主義がもたらされ、われわれはただリラックスしていればよいのだろうか？　答えはノーだ。まったくそうではない」と言い切った。

世界の主要国の指導者でこれほどあからさまな米国批判を公言する人はほかにいない。ここで語られているのは冷戦終結後の米国による「一極支配」に対する強い疑問であり、実際に世界各地で地域紛争やテロなどの様々な問題が発生して統制がとれなくなっている現状を踏まえているだけに、単なる反米レトリックと片付けられない、鋭い批評を含んでいるように思う。

一極支配が過激派を助長

米国のしでかした「ヘマ」の一例としてプーチンは、中東の過激派組織「イスラム国」(IS)や、国家の主権を否定する民族主義的過激派の伸張を挙げている。プーチンは、かつてソ連と戦うためにアフガニスタンのイスラム組織に資金援助をし「タリバン」や「アルカイダ」を事実上育てた欧米は国際テロリストがロシアや旧ソ連の中央アジア諸国に侵入するのを黙認し、時には政治、資金の面で支援していたと述べ、「九・一一(二〇〇一年九月一一日の米中枢同時テロ)が自国で発生して初めて、米国はようやくテロの脅威が共通のものであるということを理解した。われわれはいち早く米国民への支持を表明し、友人としてこの恐るべき悲劇に対応した。しかし時間がたてばまた元に戻ってしまった」と指摘し、米国主導のイラク戦争や二〇一一年のNATO軍によるリビア空爆とカダフィ政権の転覆を批判した。さらに、欧米は旧シリアのアサド政権と対立する野党勢力に資金と武器を供与し、イラク戦争の結果倒された旧フセイン政権の幹部や士官、兵士を安易に追放した結果、これらの人々がイスラム武装勢力に流入してＩＳを「ほぼ軍隊と変わらない強大な部隊」にしたと指摘した。

プーチンは、一極支配という不安定な構造には地域紛争やテロ、麻薬の流通、宗教的狂信、排外主義、ネオナチズムなどといった真の脅威と効果的に戦う能力がないことが証明されたと述べて、「実質上、一極支配の世界とは人々と国々に対する独裁の擁護であり、弁明である」と喝破した。その上で、この一極支配は米国自身にとっても扱いづらく制御が難しいものであるため、米国は核大国ロシアや核開発をするイラン、経済成長を続ける中国などを「共通の敵」の役に仕立て上げ、その「恐ろしい敵」から同盟国を守ることを名目にして米国を中心とした団結を保ち、世界の指導者としての「例外的な地位」を維持しようとしているのだと主張した。

「帝国の復活は狙っていない」

冷戦後の米国による一極支配が世界に不安定をもたらしたとするプーチンは「ルールのない世界に暮らすとすれば、何がわれわれを待ち受けているのだろうか。その可能性は現実のものだ。もし相互義務と合意に関する明瞭なシステムをつくらず、危機を解決するためのメカニズムを構築しないなら、世界的な無政府状態という兆候の拡大は避けられないだろう」と述べ、現代では伝統的な国家間の対立だけではなく、文化や歴史、経済や文明の境界にある特定の国の国内的不安定も世界の紛争を激化させる要因になり得るとして、ウクライナ危機をその一例に挙げた。その上で、戦後の軍縮条約や合意が崩壊しつつあり、民族、宗教、社会的紛争の増大が権力の空白や無法状態を招きテロや犯罪を助長しているとして、「(地球という)同じ船に乗り共通の問題を抱えているわれわれは、原則的な事柄について合意のための話し合いを始めるべき時にきている」と指摘し、正義や平等といった道徳的原則、特に「パートナーとその利益を尊重すること」に基づいて新たな国際関係をつくり出すべきだと強調した。

同時にプーチンは「意思があれば国際的または地域間の効果的システムを再建することは可能だ。なにもゼロからつくり直す必要はない。第二次大戦後につくられたシステムは十分に包括的であり、現状に適合した現代的内容を加えることもできる」と述べて、国連と欧州安保協力機構(OSCE)の改革を提唱した。

講演の最後でプーチンは「ロシアは自分の道を選択した。われわれの優先課題は民主主義と開かれた経済を推し進め、世界の前向きな潮流を踏まえて国の発展を加速すること、伝統的価値観と愛国主義に基づいて社会を団結させることだ。われわれには統合を目指す平和的な目標があり、「ユーラシア経済同盟」や上海協力機構、BRICSやその他のパートナーと積極的に協力している。ロシアが帝国の復活を狙っているとか、隣国の主権を奪おうとしているという主張には根拠がない。ロシアは、世界で何か特別で例外的な地位を得たいなどと望んではいない。他国の利益を尊重する代わりにわれわれの国益も考慮してほしい、われわれの意見も尊重してほしいだけなのだ」と強調した。その上で「世界は、皆が特別な慎重さで無分別な行動を慎まなければならない、変革と転換の時代に入った。今こそそれを思い出さなければ、平和で安定した発展への希望は危険な幻想に変わり、こんにちの激動は世界の混沌への入り口となってしまうだろう」と講演を締めくくった。

米国の威信低下

ウクライナ危機でもう一つ明らかになったことは、米国の威信の顕著な低下である。ワルダイ会議の講演でプーチンに「突然手にした世界の支配権を賢く使うことができず、さまざまなヘマをしでかした成り金」「言いなりにならない国には武力行使、経済的圧力、内政干渉を仕掛け、世界中の監視に巨額のカネを使っている」と冷笑された米国は反論すべきところかもしれない。しかしジョージ・W・ブッシュ大統領時代の米国が十分な証拠のないまま大量破壊兵器の存在を主張してイラク戦争を始め、フセイン政権を打倒してイラクを爆弾テロの温床と化し、そのイラクの一部が現在はＩＳの拠点の一部になっていることや、ロシアに亡命した米中央情報局（ＣＩＡ）のスノーデン元職員が暴露した、オバマ政権も含む歴代米政府によるメルケル・ドイツ首相ら世界中の指導者の通話記録や政府の通信記録の傍受を考える時、プーチンの批判は一定の説得力を持っていると言わざるを得ない。

二〇一三年八月二一日にシリアの首都ダマスカス郊外でアサド政権側が化学兵器攻撃を実行したという疑惑が持ち上がった際、オバマは「（アサドは）一線を越えた」と述べ、シリアへの武力行使に踏み切るとみられていた。ところが同月末、シリア攻撃に同調すると思われた英国の下院が武力行使を可能にする政府提出議案を否決し、さらにプーチンが「シリア政府軍が攻勢に転じていた時、しかも国連調査団が到着した日に（化学兵器が）使用された。（政権側による使用という主張は）理屈に合わない、途方もないたわ言だ。証拠があるなら国連安保理に提出されるべきだし、提出されないなら証拠はないということだ」と指摘して、「米大統領としてではなくノーベル平和賞受賞者としての彼に訴えたい。過去一〇年に米国が何度（各地で）軍事介入を主導し、それが一度でも問題を解決したことがあっただろうか」と対シリア攻撃を思いとどまるよう呼び掛けたことを受けて、オバマは武力行使を断念する。

九月一〇日、ホワイトハウスで国民向け演説をしたオバマは「シリア問題では米国の理想と原則、世界での米国の指導力が問われている」と述べ、「この七〇年近く、米国は世界の安全保障を支えてきた。それは、国際合意を形成するだけでなく、合意を守らせるということを意味した」として、世界の平和と安全に関する米国の特別な責任に言及し、「シリアで化学兵器が使用されたことに疑いはなく、責任はアサド政権にある。化学兵器の使用は国際法違反であり、米国の安全保障にとって危険だ」と断言した。その一方で「イラクやアフガニスタンで多大な犠牲を払った後では、いかなる軍事行動も不人気であることを私は知っている。軍事的圧力は維持するが、外交的手段による解決が圧倒的に望ましい。シリアの化学兵器を国際管理するロシアの提案をめぐる交渉を進める」と述べて武力行使を思いとどまったことを明らかにし、シリア攻撃の決断を表明する演説と思って聞いていた多くの人々を驚かせた。

この時の演説でオバマが口にした次の言葉ほど、米国の力の低下を見せつけた発言はなかっただろう。「独裁者を力で排除すべきではない。そういうことをすれば、すべての結果に責任を負わなければならないということをわれわれはイラクで学んだ。米国は世界の警察官ではない。すべての悪を正す手段がわれわれにあるわけではない」。

米国は長いこと、世界各地の人権侵害や国際法違反、野党を弾圧する独裁政権を非難し、時には武力行使も辞さない「世界の警察官」といわれてきたが、オバマは米国の大統領として、その役割を否定してみせたのである。

シリアの反体制派、米共和党などからはオバマへの「弱腰」批判が噴出したが、武力行使に慎重なオバマの姿勢は個人的資質だけによるものではもちろんない。ブッシュ前政権の「単独行動主義」を批判し、「九・一一」以降にアフガニスタンとイラクで続く「二つの戦争」を終わらせることを公約に大統領になったオバマは、いわば米国民の「戦争疲れ」を体現する大統領でもあった。ウクライナ危機が進行するさなかの一四年五月にオバマが打ち出した、米国に対する直接の脅威がなければ米国は単独で軍事介入しないとの「オバマ・ドクトリン」は、この考えをまとめたものだったといえる。

国連重視のロシア

対シリア武力行使を土壇場で回避したオバマの演説翌日の二〇一三年九月一一日、プーチンは米紙『ニューヨーク・タイムズ』(電子版、紙面掲載は一二日)に寄稿し、国連安全保障理事会の承認なしに米国がアサド政権の化学兵器使用疑惑を理由にシリアへの軍事行動に踏み切るなら、それは国連憲章で許されていない国際法違反であり侵略行為だと主張し、シリアを攻撃しないようあらためて呼び掛けた。

　この中でプーチンは、米国とロシア（ソ連）は「冷戦時代には対立したが、かつては同盟国として共に戦い、ナチス・ドイツを倒した。国際連合は、この（第二次世界大戦の）ような荒廃を二度と起こさないために創設された。国連の創設者たちは、戦争と平和の問題はコンセンサスによって決定されるべきだと考え、安保理の常任理事国には拒否権が認められた。この深遠な知恵こそ、過去数十年にわたって国際関係の安定を支えてきたものだった」と指摘した上で、「もし影響力ある国々が国連を迂回し、安保理の決定なしに武力行使をするならば、国連は、実質的な影響力を欠いたために崩壊した国際連盟の轍を踏むことになるだろう」と警告し、「ロシアはアサド政権を擁護しているのではない。国際法を擁護しているのだ」と強調した。ロシアが安保理の対シリア決議に拒否権を行使し、米国や英国、フランスなどから「安保理を機能不全にした」と批判されてきたことへの反論であり、安保理決議なしにイラク戦争に踏み切った米国に対する痛烈な批判でもあった。

　さらにプーチンは、オバマがシリアの化学兵器廃棄に向けた国際管理に関するロシア提案に乗る姿勢を示したことを「歓迎する」と言いながらも、オバマが化学兵器禁止の国際規範を守るために米国の武力行使の可能性を正当化したことについて、自分の国だけを特別視する「米国例外論」は「極めて危険な考え方だ。世界には大きな国もあれば小さな国もある。民主主義の発展の度合いも、政策もそれぞれ異なっている。われわれはみな同じではない。しかし神の前ではみな平等なのだ」と書いた。

翌一二日、カーニー米大統領報道官は記者会見で、米国は世界中の民主的価値観や人権のために立ち上がる「例外的な国」でありロシアとは違うと反論した。しかし大統領であり米軍最高司令官である当のオバマが「米国は世界の警察官ではない」と認めて対シリア武力行使を見合わせ、化学兵器廃棄のロシア案に同調すると表明した後では、むなしさの漂う反論だった。勝負は既についていた。

シリア危機の翌年、二〇一四年に起きたロシアによるクリミア編入などの一連のウクライナ危機でも米国の影の薄さは否めなかった。数次にわたる対ロシア制裁は発動したものの、米国務長官ケリーとロシア外相ラブロフとの直接会談は問題解決にほとんど役立たなかった。国連安保理の会合は何度も開かれたが、米国のパワー国連大使の厳しい対ロ批判はロシア国連大使チュルキンの激しい反論に遭い、最後はロシアの拒否権行使で「言いっ放し」に終わった。それまでのG8サミットなどでの米ロ首脳会談でオバマとプーチンの関係のぎごちなさは明らかだったが、ウクライナ危機に関しても二人はフランスで開かれたノルマンディー上陸作戦七〇年記念式典で立ち話をした程度で、その後は国連創設七〇年記念の国連総会出席のためプーチンが久々に訪米した一五年九月まで、両者は世界を揺るがすこの問題を解決するために本格的に会談しようとはしなかった。ノルマンディーでプーチンとポロシェンコを引き合わせ、事態の正常化に向けた実質的な進展を模索したのは、ドイツ首相メルケルとフランス大統領オランドの欧州二首脳だった。以後、ロシア側はウクライナ危機解決のためのドイツ、フランス、ロシア、ウクライナの四者協議を「ノルマンディー・フォーマット」と呼び、交渉の場としてももっぱらこの枠組みを利用した。そこには「米国抜き」という含意があった。ウクライナ危機で米国は「蚊帳の外」になった。

理想の敗北

二〇〇九年二月二四日、米大統領に就任した直後の施政方針演説でオバマは、アフガニスタンとイラクでの二つの戦争を念頭に「戦時体制は七年間に及んでいる」と指摘して早期の戦争終結を模索すると述べるとともに、拷問疑惑が指摘されているキューバのグアンタナモ米海軍基地にあるテロ容疑者収容施設の閉鎖を命じたことに言及し、「米国が世界で示す模範より強力なものはない。われわれは価値観を体現することで弱くなることはない。米国は拷問をしないとこの場で約束する」と言い切った。

さらに「言葉と行いによって、われわれは新たな積極関与の時代が始まったことを世界に示している。米国は今世紀の脅威に単独で対応することはできず、世界も米国なしで脅威に立ち向かうことはできない。テロや核の拡散、流行病、サイバー攻撃の脅威、貧困など二一世紀の難題に対応するため、われわれは旧来の同盟関係を強化し、新たな同盟関係を築き、国力のすべてを使う。歴史の岐路に立つ今、全世界のあらゆる人々が、米国がこの瞬間に何をするかを注視し、われわれが先導するのを待っている。私たちには特別な事態を取り仕切ることが求められている。大変な重責ではあるが、素晴らしい特権でもある。われわれはあきらめない」と述べ、米議会で大きな拍手を浴びた。

聴衆を引きつける巧みな演説で米国初の黒人大統領の座をつかんだオバマは「核兵器のない世界」を提唱し、この年のノーベル平和賞を受賞した。その主要な演説のいくつかは、日本でも新聞各紙が全文を報じるなど、世界で一種の「オバマ・ブーム」が起きた。

しかし米国内では議会との果てしない対立が続き、外交でもウクライナ危機やＩＳへの対応で不手際を指摘されて一四年一一月の中間選挙では与党民主党が大敗、自身の支持率も四〇％前後に落ち込むなど、オバマへの当初の高い期待は数年を経て失望に変わった。ウクライナ危機をめぐる対立により、ロシアとの核軍縮は進展の見込みがなくなった。一五年五月の核拡散防止条約（NPT）再検討会議では当のオバマ政権が、イスラエルの非核化を念頭にした「中東非核地帯構想」に反対して成果文書の採択を妨げ、会議を決裂させた。「核兵器なき世界」実現に大きな成果がないまま任期が終わることは確実な情勢だ。

テーマはもちろん別ではあるが、オバマの施政方針演説とプーチンのワルダイ会議講演を比べると、その世界観の主な違いは理想主義とリアリズムのギャップであるように見える。米国が世界に示すべき高い理想を説くオバマに対し、プーチンは「自国を特別視して「世界の指導者」を気取り、他国のことに首を突っ込む」米国の振る舞いこそが、戦後の七〇年間に築かれてきた国際秩序や安全保障の枠組みを崩壊させ世界を不安定にさせている、という現状認識を率直な言葉で語ってみせた。その意味で、ウクライナ危機で露呈した世界秩序の不安定化と米国の威信低下は、プーチンの現実主義に対するオバマの理想主義の敗北といえるかもしれない。

プーチンを支持する欧州の極右

ウクライナ危機で米国や欧州連合（EU）がロシアの対応を非難して対ロ制裁を発動し、EUを主導するドイツのメルケルとフランスのオランドが対応に追われるのを尻目に、国益重視を公言するプーチンに親近感を隠さない人々が欧州にいた。移民増大に反対し反EUを掲げる、いわゆる極右政党の指導者たちだ。

クリミア編入から二カ月余りの二〇一四年五月下旬に行われたEU欧州議会選挙では、反EUを掲げた「極右」とみなされる勢力が台頭し、既成政党に衝撃を与えた。この選挙でフランス最大勢力となった国民戦線(FN)のマリーヌ・ルペン党首は、「国家と国民の主権や富を最優先し自国の歴史や伝統、文化を守る」点で共通の価値観があるとしてプーチンへの称賛と親近感を隠さない。

移民規制を訴え、経済のグローバル化に反対し、EUを「米国の言いなり」と否定する欧州の極右勢力にとって、「米国中心の世界」に公然と異を唱えロシアの伝統的価値観を重視するプーチンはまぶしく見えるようだ。米紙『ワシントン・ポスト』によると、ルペンは一五年二月、ポーランドのラジオで、ロシアは欧州にとって「同盟相手として自然な存在」だと述べ、ヤヌコビッチ政権を崩壊させた当時の野党による権力奪取は違法なものだったとして、欧州はロシアのクリミア編入を容認すべきだと主張した。英国では、極右ではないが「EU離脱」を掲げる「独立党」のナイジェル・ファラージ党首がクリミア編入後の一四年三月、世界のリーダーで最も尊敬する人は誰かと問われて「人間としてではなく、オペレーターとしてならプーチンだ。(米国の武力行使を回避した)シリア問題で果たした役割は見事というほかない」と述べている。ファラージはついでに、「プーチンは別の世界に住んでいる」と嘆いてウクライナ危機の調停に奔走する一方、ギリシャ債務危機などでは緊縮路線を譲らなかったドイツのメルケルについて「信じられないほど冷たい。公のイメージと違ってプライベートでの彼女は悲惨だ」とコメントしている。

英紙『ガーディアン』(電子版)は一四年一二月八日、ルペンのFNがロシアで対欧米強硬派として知られるドミトリー・ロゴジン副首相と親しい関係にあり、モスクワに本拠を置くロシアの「第一チェコ銀行」から九四〇万ユーロの貸し付けを受けていると報じ、クレムリンは少なくとも〇九年以降、ハンガリーの「ヨッビク」やスロバキアの「国民党」、ブルガリアの反EU政党「アタッカ」など欧州の「極右」勢力と密接な関係を築いていると指摘した。

プーチンがクリミア編入の過程で何度も強調した「民族自決権」も、EU統合を「国家主権の不当な制限」と、グローバル化を米国による経済的な覇権主義とみなす欧州極右の立場と一致する。ここでも、第一次大戦、第二次大戦という、欧州を分断した二つの大戦争を歴史の教訓とし、EU統合を「平和の保障」と見て推進してきた大戦後の欧州指導層の「理想」が、「国益を追求して何が悪い」という現実主義の挑戦を受けている。

3　安全保障環境の変化

ハイブリッド戦争

ＮＡＴＯ側は、ロシアがウクライナ東部にロシア軍部隊を投入して、独立を求める親ロシア派武装組織「ドネツク人民共和国」と「ルガンスク人民共和国」を支援しウクライナ政府軍と戦っていると見て、これをロシアによる「ハイブリッド戦争」と呼んでいる。

ハイブリッド戦争とは、軍事と非軍事を組み合わせた非伝統的手法による相手国への攻撃のことだ。

ロシアがウクライナ東部で実行している作戦の特徴は、(1)正規軍の投入を公式には認めず、宣戦布告なしに軍事行動を取る、(2)正規軍よりも、自らの意志で戦闘に加わる「義勇兵」や、他の地域から投入した雇い兵に戦闘の主役を担わせる、(3)前線での戦闘のほか、サイバー攻撃などで相手方を攪乱し、戦闘能力を低下させる――などだ。クリミア編入の際に身分を隠したロシア軍部隊を現地に投入し、ウクライナ軍部隊を武装解除して実効支配を固めた鮮やかな手際や、ウクライナ東部で続く「親ロシア派」の頑強な抵抗から、ＮＡＴＯはロシアによるこの作戦手法を重視し、研究の対象にしている。

ウクライナでのハイブリッド作戦の発案者はロシア軍のワレリー・ゲラシモフ参謀総長だといわれている。ゲラシモフは二〇一三年二月二七日付のロシア紙『ボエンノ・プロムイシュレンヌイ・クリエール』に掲載された論文「予見性における科学の価値」の中で、中東で起きた一連の民主化運動「アラブの春」に触れながら、「二一世紀には、戦争と平和の差違があいまいになる傾向がみられる。宣戦布告なしに戦争は始められ、非伝統的な形で進んでいく。何の問題もない国家が数カ月どころか数日のうちに激しい武装闘争の場に変わり、外国からの干渉の犠牲となったり、混沌、民生の破滅あるいは内戦に陥ってしまう」と指摘した上で、「「戦争のルール」は大きく変わった。政治的、戦略的目的を達するために使われる非軍事的手段の役割は増大し、場合によってはその効果は軍事用の兵器を上回ることすらある」と述べて、政治、経済、情報、文化などの非軍事的手段で住民に抗議行動を始めさせ、そこに秘密裏の軍事行動を組み合わせるのが「現代の戦争」のやり方だと説いた。

この論文を「ゲラシモフ・ドクトリン」と名付けて紹介した一四年八月二八日付の英紙『ファイナンシャル・タイムズ』は、クリミア編入の際のプーチンの言動について「記章を付けない兵士を送り込んで臆面もなく軍の存在を否定し、「そんな軍服なら店で買える」と言っておいて、数カ月後には作戦に参加した軍人に勲章を授与する。——人類が二〇〇年かかって定めてきた戦争のルールが大幅に後退した。この危機は「ウクライナ危機」ではなく、冷戦終結後の世界の現状変更に関する危機なのだ」という英軍事専門家の言葉を紹介している。

実際、ゲラシモフが描いたとおりの作戦はウクライナ東部で実行された。キエフの独立広場で野党側デモを指揮し、その後ウクライナ新政権で国家安全保障防衛会議書記となったパルビーは、東部の親ロシア派が住民投票を強行して政府軍と戦っていた同年五月、『フィナンシャル・タイムズ』に対し「われわれは今、新しいタイプの戦争、ハイブリッド戦争を仕掛けられている。正規軍は侵攻の役割を直接担うとは限らず、相手方への脅しでプレッシャーをかけ続ける。一方、モスクワの支援を受けて外部から投入された破壊工作部隊が地元の過激派や犯罪集団と一緒になって実際の戦闘を行っている」と述べた。

パルビーはまた、戦場で撮影された写真やビデオ、傍受された通信記録などから、外部から投入された戦闘員の中には複数のチェチェン人やロシアのその他の地域出身者がいると説明し、プーチンの側近らは欧米の対ロシア制裁強化を懸念してウクライナ東部へのロシア軍の直接投入に反対し、ロシアは東部情勢にあくまで無関係だと主張できるように、正規軍の代わりに破壊工作部隊を利用することを決めたのだと説明した。実際、ドネツク国際空港の攻防戦に加わった戦闘員のうち何人かは同紙の取材に、チェチェンから来たことを認めたという。

だがロシアは一貫してロシア軍の投入を否定し続けた。一五年四月一六日に行われた毎年恒例の「テレビ国民対話」ではプーチン自身が、改革派のハカマダ元下院議員の質問に答え「もう一度言うが、ウクライナにロシア軍部隊はいない」とあらためて否定した。

一方、ロシアやウクライナ東部の親ロシア派はかなり早い段階から、ウクライナ東部ドネツク、ルガンスク両州で親ロシア派と戦っているウクライナ政府軍部隊の中に「英語しかしゃべれず」「英語の聖書を携行している」「肌の黒い」兵士らが含まれていると指摘し、米国などから現地入りした外国人部隊がいることは明らかだとたびたび主張してきた。

プーチンも一五年一月二六日にサンクトペテルブルクの鉱山大学で講演した際、「あそこ(ウクライナ東部)では内戦が起きている。一部はウクライナ政府軍だが、かなりの部分は民族主義的な志願兵だ。実際、あれはNATOの外国人部隊だ。彼らの目的はロシアの封じ込めであって、これはウクライナ国民の利益とまったく一致しない」と主張した。

一五年四月二〇日にはウクライナ西部リビウ州内で、米軍の要員を指導教官に迎えてのウクライナ側将兵の訓練が始まった。イタリアに駐留する米空挺旅団三〇〇人がポーランドとの国境近くでウクライナの「国民防衛隊」の隊員計九〇〇人を訓練し、小規模部隊の基礎訓練や警戒・捜索などを指導するプログラムだ。米ウクライナ訓練センターの開所式に出席した大統領ポロシェンコは両国関係を「戦略的パートナー関係」と呼び、東部での戦闘は「ウクライナの独立のためだけの戦いではない。全欧州と世界の自由、民主主義のための戦いだ。試されているのは、国際法は機能しているのか、一方的な武力行使が見過ごされてよいのか、クリミア併合は許されるのかという問題だ」と述べ、ロシアへの敵意をむき出しにした。

ロシア外務省のルカシェビッチ情報局長は「米国によるウクライナへの武器供与に向けた第一歩だ」と非難した。これに対し米国防総省のウォーレン報道部長は、訓練は防御目的で、地域を不安定化させているのは親ロシア派に攻撃兵器を供与しているロシアの方だと反論した。ウクライナ東部の武力紛争は、欧米とロシアが互いに「他国の内戦に密かに兵士を送り込んでいる」と相手を非難する一方で「われわれの軍はいない」と否定しながら戦闘が続けられるという、不透明な「代理戦争」の様相をみせた。

核兵器をめぐる状況

クリミア編入から約一年後の二〇一五年三月一五日にロシア国営テレビが放映したドキュメンタリー「クリミア　祖国への道」のインタビューでプーチンが、キエフでヤヌコビッチ政権が野党側デモ隊の攻勢で倒された時に核兵器を使用する準備ができていたと発言したことは前述した。人類を破滅させる核戦争を引き起こしかねないため核兵器は「使えない兵器」ともいわれ、抑止効果が最大の意義だともいわれるため、核保有国の指導者が「核兵器を使わない」と言うことは考えられないのだが、この発言は驚きをもって受け止められた。ウクライナ東部の戦闘でその時までの約一年間に約六〇〇〇人の死者が出ており、ウクライナの内戦が事実上ロシアと欧米の「代理戦争」になりつつあることを踏まえれば、「核兵器の使用も辞さず」とのロシア大統領の示唆は十分なインパクトがあった。

実はウクライナ危機が始まって以来、プーチンが核兵器に言及するのはこれが初めてではない。クリミア編入から五カ月余り、ウクライナ東部で親ロシア派が激しい反撃に出ていた一四年八月末にモスクワ北西のセリゲル湖畔で行われた青年キャンプに出席したプーチンは、「われわれはいかなる侵略も撃退できるよう準備しなければならない。ロシアは最も強力な核保有国の一つだ。さらにわれわれは核抑止力を、わが国の軍を強化している。他国を脅すためではなく、自らを安全と感じ、落ち着いて経済や社会的分野を発展させるためだ」と述べている。

同年一一月、フランスのメディアとのインタビューで「あなたは米誌『フォーブス』で二〇一三年の「世界で最も影響力ある人物」に選ばれましたが、うれしいですか？」と聞かれたプーチンは「現代の世界における「影響力」とはなんと言っても経済力、国防、文化の力だ。国防分野では、わが国は文句なく世界のリーダーの一つだ。ロシアは核保有国であり、核兵器の質では世界一かもしれない。文化面では偉大なロシアの文化、文学、絵画などがあり、経済ではまだ不十分とはいえ、世界で五本の指に入ることができた」と述べている。プーチンにとって核兵器は、ロシアを「大国」にしている重要な要素の一つなのだ。

プーチンはクリミア編入を宣言した一四年三月の演説の際、ロシアがクリミアを編入しなければいずれNATOに半島の支配権を握られてしまうと述べて編入を正当化した。ロシアの高官はその後、クリミアに核兵器を配備する可能性にたびたび言及する。

いずれにせよ、ロシアがNATOの東方拡大を非難し、米国の欧州でのミサイル防衛(MD)施設建設に反発する状況において、オバマ米政権が望んでいる戦術核の削減交渉にロシアが応じる可能性はほとんどない。クリミア危機の前には、オバマが二〇一〇年四月に当時ロシアの「双頭体制」下で大統領だったメドベージェフとの間で調印した新戦略兵器削減条約(新START)で配備戦略核弾頭数が一五五〇、大陸間弾道ミサイル(ICBM)などの運搬手段総数が八〇〇と米ロ核軍縮史上の最低水準まで制限されたことを背景に、ドイツなどで国内にある米国の戦術核削減論が出たが、ロシアの「力による現状変更」を前に状況は一転した。オバマが政権のレガシー(遺産)としたかったであろう核軍縮の進展は望めなくなった。

4　中国との関係

エネルギー協力強化

国内総生産(GDP)で日本を抜いて米国に次ぐ世界第二の経済大国になった中国との関係をどう築いていくかは、引き続きロシアにとって重大な外交・防衛上の課題である。

国連安全保障理事会の常任理事国である中国は、クリミア編入など一連のウクライナ危機でロシアを非難する欧米と一線を画し、対ロシア制裁に一貫して反対の立場を取り続けている。欧米、日本の制裁を受けるロシアにとっては頼もしい同盟者だが、台湾問題やウイグル族、チベット族の独立問題を抱える中国は領土の一体性堅持を訴えるウクライナの立場を無視することもできない。ロシア非難の国連安保理決議案採決では棄権に回った。

ロシア政府系天然ガス企業ガスプロムと中国石油天然ガス集団(CNPC)は二〇一四年五月二一日、年間三八〇億立方メートルの東シベリア産天然ガスをパイプラインで一八年から三〇年間にわたり中国に輸出する契約に調印した。

欧米などから制裁を受けるロシアは天然ガスなどのエネルギー資源の新たな輸出先を確保したいところで、長年価格面で折り合わなかった中国とのガス輸出入交渉を決着させた。三〇年間の売却総額は四〇〇〇億ドルに上る。ロシアメディアによると、一〇〇〇立方メートル当たりの売り渡し価格は、ロシアの対欧州輸出価格である四〇〇ドル前後よりも安い三五〇ドル前後と推定された。プーチンは、契約はロシアにとって旧ソ連時代も含めガス分野で最大規模のものだと胸を張った。

中国とロシアは一四年一一月にも別途、三〇年にわたり年三〇〇億立方メートルを輸入する覚書を結ぶなど、エネルギーの消費国と供給元としての依存関係を急速に強めている。ロシアとしては今後も経済成長が見込まれる中国は安定的な顧客となり得る。

その一方で、エネルギー輸出の過度の中国偏重は価格の維持という面でも、政治的な意味でも問題が多いとの指摘がロシア国内では出始めている。

経済、政治的には欧米に対抗する上で重要な同盟国になり得る中国だが、ロシアと長い国境を接し、核兵器を保有する中国は軍事的には常に潜在的脅威として認識されている。

さらに、拡大を続ける中国の経済力も、ロシアにとっては新たな脅威となりつつある。ロシアが重視する中ロと旧ソ連中央アジア諸国でつくる上海協力機構は、発足当初は中ロの政治的、経済的同盟組織という性格だったが、中国は拡大する経済力を背景に中央アジア諸国との関係を強化しており、ロシアの主導権を奪いかねない勢いだ。米国主導の世界の金融秩序に対抗して二〇一六年一月に開業した中国主導のアジアインフラ投資銀行(AIIB)には英国、ドイツなど欧州の主要国に加え、ロシアも参加せざるを得なかった。中国は、ロシアが進めようとしている「アジア重視」政策で競合する相手でもある。

中央アジアに触手

ロシアが自らの勢力圏と考えている旧ソ連中央アジア諸国への中国の進出はめざましく、カザフスタンやトルクメニスタンなどの天然ガスをロシアを経由せずに直接、安い値段で買っている。AIIBの投資を通じて中央アジアの経済発展に関与するようになれば、ウクライナ危機に伴う制裁や原油価格急落で経済が悪化したロシアに代わり、中国が中央アジアでの存在感を高めていくことは間違いない。

習近平政権が打ち出した現代版シルクロード構想「一帯一路」も、ロシアが進める旧ソ連圏中心の経済統合「ユーラシア経済同盟」と競合する。一帯一路は中国から中央アジア、欧州へと続く陸上ルート(一帯)と、東南アジアやインド、中東を経て欧州へ続く海上ルート(一路)から成り、これらの沿線に当たる国々へのインフラ投資などを通じて中国の影響力を拡大する狙いがあるといわれる。

習は二〇一五年四月二二日、ジャカルタで開かれたアジア・アフリカ会議(バンドン会議)六〇周年を記念する首脳会議で演説し、「公平で公正、寛容な国際経済と金融体制の建設を進め、発展途上国のために良好な環境をつくる」と述べ、欧米や日本などが国際通貨基金(IMF)や世界銀行、アジア開発銀行(ADB)を通じて形作ってきた戦後の経済金融体制に対抗する姿勢を鮮明に打ち出した。

同年五月八日にモスクワを訪問した習はプーチンと約三時間にわたって会談し、両者は「一帯一路」と「ユーラシア経済同盟」を連携させていくことで一致した。しかし中ロの間には経済力に大きな差があり、ロシア国内には「依存しすぎれば中国の経済圏にのみ込まれてしまう」との懸念の声が根強くある。

翌五月九日にはモスクワの「赤の広場」を中心に、ロシアの対ドイツ戦勝七〇周年記念式典が行われた。ウクライナ危機をめぐる対立を反映して日本の安倍晋三首相も含むG7首脳が出席を見合わせる中、習はカザフスタンのナザルバエフ大統領と共に常にプーチンの隣に陣取り、主賓として遇された。軍事パレードには初めて中国人民解放軍の儀仗兵約一〇〇人が参加し、中ロの親密ぶりを示した。欧米との対立が続けば、ロシアは好むと好まざるとにかかわらず、今後も中国との協調路線を堅持せざるを得ない。

5　日ロ関係

プラスかマイナスか

ウクライナ危機は北方領土問題を抱える日本とロシアの関係を一層複雑なものにした。

安倍晋三首相はプーチンと個人的に良い関係を築いてきた。特に北方領土交渉についてはメドベージェフ大統領の時代に一時停滞していたが、安倍が二〇一三年四月にロシアを訪問し、プーチンとの会談で交渉再開に合意した。一四年一一月九日にアジア太平洋経済協力会議（APEC）首脳会議が開かれた北京での日ロ首脳会談は二人にとって通算一〇回目、第二次安倍政権発足後だけでも七度目の首脳会談で、「ウマが合う」という意味では「米国のオバマとよりも良い関係なのでは」と指摘されるほどだった。

欧米首脳が軒並み欠席する中、安倍は一四年二月七日のソチ冬季五輪開会式に出席して翌八日にプーチンと会い、北方領土問題の早期解決と平和条約締結交渉を加速する方針を確認して、この年秋のプーチン訪日でも合意した。

その翌月の三月にロシアがクリミアを編入し、直後に日本はG7の他のメンバーと足並みをそろえて対ロシア制裁を発表した。日本の制裁は欧米の制裁と比べると微温的で、対ロ関係を悪化させたくないという意図が現れていた。日本の外交筋は「ロシア側にはこのメッセージが理解されているはずだ」と述べていた。

しかし七月のマレーシア航空機撃墜を受けて日本が二八日に対ロ追加制裁を発表すると、翌二九日にロシア外務省は日本を「非友好的で近視眼的だ。(追加制裁は)二国間関係を発展させたいという日本側の度重なる表明が、日本の政治家は米国に追従するしかなく、自国の本当の国益にかなった路線を進むことができないことを覆い隠すためのものでしかなかったことを証明した」と批判するコメントを発表、日ロ関係は明らかにぎくしゃくし始め、「年内の大統領訪日」は吹き飛んだ。

日本側は九月二四日にも「ウクライナ東部に依然としてロシア軍がおり、ウクライナ不安定化の試みをやめた証拠がない」などとして、日本からロシアへの武器輸出や武器技術提供を制限するための審査手続き厳格化や、ロシア最大の政府系金融機関ズベルバンク、対外貿易銀行(VTB)、対外経済銀行(VEB)やガスプロム銀行、ロシア農業銀行の五つの金融機関について日本での証券発行などを許可制とするなどの対ロ追加制裁を発表した。その一方で九月一一日に森喜朗元首相とプーチンがモスクワで会談、同二一日の安倍の誕生日にプーチンが祝福の電話をし、一〇月七日にはプーチンの誕生日を祝う電話を安倍がかけるなど、両国関係を正常化しようとする動きも始まった。プーチンと安倍は同一七日にアジア欧州会議(ASEM)首脳会議が開かれたイタリア・ミラノで約一〇分間会談、さらに一一月の北京APECでは約一時間半会談し、一五年の「適切な時期」のプーチン来日を実現する準備を進めることで一致した。

ウクライナ危機は日ロ関係にとってプラスとマイナスの両面があった。一四年のプーチン来日が実現できなかったのは明らかにウクライナ危機のあおりであり、プーチンと信頼関係を築いていた安倍にとっては、対ロ制裁に踏み切らざるを得なかったクリミア編入は痛恨事だったに違いない。

だが、別の見方もある。ウクライナ危機で、欧州諸国は明らかにロシアへのエネルギー依存からの脱却を現実に模索し始めた。ロシアにとって最大の貿易相手であるEUは対ロ経済制裁に踏み切り、双方の今後の関係には不透明感が漂う。ロシアはこれまで以上に「アジア重視」政策を具体化する必要性に迫られている。

現在、ロシアのアジア重視の中核は中国だ。中ロが主導し旧ソ連の中央アジア諸国が加わる上海協力機構は米国が主導するＮＡＴＯへの対抗組織と指摘されたこともあった。その半面、約一四億の人口を抱える中国の経済圏に「ロシアがのみ込まれる」との懸念もある。ウクライナ危機に伴う対ロ制裁にもかかわらずプーチンが日本との関係発展に意欲を見せるのは、中国との対抗軸として日ロ関係が重要だと認識しているからだ。米国、ＥＵとの強固な関係を維持する一方で、ウクライナ危機で欧米と激しく対立するロシアとどのような関係を築いていくのかは、今後の日本外交にとって重要な課題といえる。

困難になる領土問題解決

ただし北方領土問題に関しては、ウクライナ危機で解決が一層困難になったとみるべきだろう。クリミア編入とその後のウクライナ東部での武力紛争、欧米や日本による制裁を受けてロシア国内では愛国的感情がかつてなく高まり、この雰囲気の中では、ウクライナ危機の前から「プーチンのような強い指導者にとっても非常に困難な決断」といわれてきた北方領土の返還をロシア国民が支持するとは考えにくい。プーチン本人にとっても、クリミアを「分かち難いロシアの土地」だと説明して欧米の非難を浴びながら編入する一方で北方領土を日本側に引き渡すというのは一貫性を欠く。

プーチンはクリミア編入後の二〇一四年五月二四日、サンクトペテルブルクで主要国の通信社代表と会見した際、「領土問題を「引き分け」で解決しようとのあなたの姿勢は変わっていないのか。あなたの考える「引き分け」とはどんな中身なのか」という、共同通信の杉田弘毅編集委員室長の質問に、次のように答えている。

「日本もロシアも、この(領土)問題を解決したいと心から思っている。強調するが、ロシアもだ。ではこの場合の引き分けとは何か？　答えはまだない。それは厳しく困難な共同作業の結果生まれるだろう。常に前進しようと考えていれば不可能なものはない。

われわれには交渉の用意はある。しかしわれわれは日本が制裁に加わったと聞いて驚いた。日本がなぜそうしたのか、なぜ交渉のプロセスを止めたのか私にはよく理解できない。というわけで、われわれには交渉の用意があるが、日本側に用意はあるのか私にはわからない。あなたにうかがいたいくらいだ」

プーチンはこの時、領土問題について、平和条約締結後に歯舞諸島と色丹島を日本側に引き渡すと書かれた一九五六年の日ソ共同宣言に触れて「確か第九条だと思うが、ソ連は二島の日本への引き渡しを検討する用意があると書かれている。しかしどのような条件でか、この島々の主権がどちらに属するのかは書かれていない。この二島も、四島すべても、われわれの交渉の対象だ」と微妙な言い方をした。

日ロ間に平和条約が締結されれば色丹、歯舞の二島は自動的に日本側に引き渡されるというのが日ソ共同宣言の一般的な理解である。しかしプーチンはこの時の発言で、色丹、歯舞の引き渡しについても日本とロシアの今後の交渉次第だとの考え方を示し、領土問題解決のハードルを上げた。

それから約三カ月後の八月にはロシア軍が北方領土の択捉、国後両島で軍事演習を実施、安倍が「到底受け入れることはできない」と反発し、日本政府はロシアに厳重に抗議した。しかし九月二四日にはこれを無視するかのように、プーチンの「盟友」セルゲイ・イワノフ大統領府長官が択捉島を訪問して、開港したばかりの新空港を視察した。イワノフは「日本の抗議は宗教の儀式のようなものだ」と突き放し、予定されていた同年内のプーチン訪日延期とも合わせて日ロ関係の冷却化を印象付けた。

二〇一五年一月にはこんなことも起きた。岸田文雄外相が同二〇日に訪問先のベルギーのブリュッセルで講演した際、講演後の質疑応答で「ウクライナで起こっていることも力による現状変更だが、北方領土の問題も力による現状変更だ」と述べたのに対し、ロシア外務省は翌二一日、「軍国主義の日本こそ、ナチス・ドイツと手を組んで力により当時の世界の現状を破壊し多くの国を占領した。しかるに岸田氏は今、歴史を百八十度ひっくり返し、一般に認められている戦争の原因と結果についての理解を修正しようとしている。残念ながら日本政府はこれまでと同様、歴史の教訓を学ぼうとしていない」と批判した。

板挟みの日本

ウクライナ危機をめぐる日本の対ロシア制裁は、日ロ間の査証(ビザ)発給手続き緩和に関する協議の停止と、新投資協定や宇宙開発に関する協定などの締結交渉開始凍結、クリミア編入に関与した計二三人への入国ビザ発給停止やクリミア産品の輸入制限などで、米国やEUの制裁に比べるとかなり穏やかだった。しかしプーチンが「驚いた」と述べたように、ロシアには不満が募った。ウクライナから遠く利害のない日本が、ウクライナ危機を理由になぜ制裁を科すのかという思いだろう。一方、日本政府が対ロ制裁を穏やかにとどめたことには米国が強い不満を持っており、二九八人が犠牲になったマレーシア航空機撃墜で、日本も追加制裁に踏み切らざるを得なくなった。日本としては微温的にしているつもりの制裁で、強硬な対ロ姿勢の米国からは不十分だとみられ、ロシアからは「対米追従」と批判される。ウクライナ危機で日本は米国とロシアの板挟みに陥った。

安倍は二〇一五年四月に訪米してオバマと会談し、自衛隊と米軍の協力を地球規模に広げて平時から有事まで「切れ目のない」連携を目指す日米防衛協力指針(ガイドライン)の改定を伝え、歓待された。六月にはウクライナを訪問してポロシェンコ大統領と会談し、ロシアのクリミア編入を念頭に「力による現状変更を認めない」と発言した。

これに対しロシアは七月から対日攻勢に出た。スクボルツォワ保健相やトルトネフ副首相を相次いで北方領土に派遣した上、八月二二日にはメドベージェフ首相が日本政府の中止要請を無視して択捉島入りし、青年向けの愛国集会に参加した。メドベージェフはその前日、前年に編入したクリミアをプーチンや主要閣僚と共に訪問しており、大統領時代から三度目となる北方領土訪問にプーチンの「黙認」があったことをうかがわせた。これに抗議して岸田外相の訪ロを「延期」した日本に、ロシア側はモルグロフ外務次官が、日本との領土問題は「ソ連が占領した七〇年前に解決済み」で「交渉の対象にはならない」と発言し、その後も波状的に閣僚の北方領土派遣を続けた。

北方領土問題へのロシアのアプローチは明らかに変わった。岸田は約一カ月遅れでロシアを訪問しラブロフ外相と会談したが、岸田が「会談の大部分を領土問題に費やした」と説明したにもかかわらず、ラブロフは会談後の共同記者会見で「領土問題は協議していない。議題は平和条約締結問題だ」と述べ、平和条約締結と領土の返還は別だという姿勢を明確にした。これは平和条約が締結されれば日ソ共同宣言に基づいて四島のうち少なくとも二島は帰ってくるという前提に立つ日本側にとって重大な後退といえる。米ロの板挟みの中、北方領土の返還を求める日本の立場はさらに苦しいものになりつつある。

第4章

ロシアの将来

—プーチンなくしてロシアなし—

2011年4月，復活祭の礼拝にメドベージェフ大統領夫妻と共に出席したプーチン（左から3人目）とリュドミラ夫人（右端）（著者撮影）

1　右傾化するロシア

急上昇した支持率

ウクライナ危機で、ロシア国内でのプーチン大統領の支持率は急上昇した。

プーチンの支持率は二〇一三年一月に実施された中立系世論調査機関レバダ・センターの調査では六二％で、二〇〇〇年に初めて大統領に就任して以来最低を記録した。メドベージェフ大統領との「双頭体制」を解消して自ら大統領に復帰し首相職をメドベージェフに譲るという一一年秋の決定が社会の大きな不満を呼び、リーマン・ショックに端を発した世界経済危機による経済成長の鈍化も相まってプーチン人気は低下傾向にあった。だがクリミア編入の手続きを事実上終えた二〇一四年三月二一―二三日に政府系の全ロシア世論調査センターが実施した調査では支持が八二・三％に達し、レバダ・センターの同二一―二四日の調査でも「大統領の仕事をおおむね評価する」という回答が八〇％を記録した。

プーチンがクレムリンでクリミア編入条約に調印した二日後の同年三月二〇日、ロシア下院で行われた条約批准法案と、クリミア編入を可能にする憲法改正案の採決では、野党の共産党も含めた四会派すべてが賛成した。定数四五〇のうち四四五人が賛成、四人が投票せず、反対したのは「公正ロシア」のイリヤ・ポノマリョフ議員一人だけだった。

プーチン政権への対決姿勢を取ってきた共産党のジュガーノフ委員長は採決前の討論で「クリミアとセバストポリは歴史的な「祖国」に戻ろうとしている。私の父もセバストポリ防衛のために戦って負傷した」と述べて賛成を表明した。「公正ロシア」のミロノフ党首は条約調印の三月一八日を「クリミア再統合の日」として国民の祝日にするよう提案した。

過激な言動で知られる極右政党、ロシア自由民主党のジリノフスキー党首は法案に賛成するだけでなく、「現在の国境を画定するのは早すぎる。ドンバス、ヘルソン、ドニエプロペトロフスク、ザポロジエ、オデッサに住む数百万のロシア人を見捨てることなく、われわれはもっと先に進むべきだ」と演説し、ウクライナ南東部を広範に獲得するよう訴えた。さすがにこの発言については、対外強硬派のプシコフ下院外交委員長すら「下院の大多数の意見ではない。今の国境は最終的なものだ」と釈明に追われた。

ただ一人反対投票をしたポノマリョフは「ロシア人の統合には賛成だが、今クリミアを編入するのは急ぎすぎだ。ウクライナや世界はロシアを侵略者と見るだろう。ロシアは世界の模範であるべきなのに、いまやアメリカと同じ土俵に乗ってしまった。これは大きな政治的過ちだ」と語った。しかし自由民主党は「国益に反対した」としてポノマリョフの議員資格剝奪を要求した。クリミア編入の二法案を可決した下院本会議は、ナルイシキン議長の提案によりロシア国家が荘重に演奏されて締めくくられた。

裏切り者を排除せよ

二〇一四年八月には、ロシアの伝説的ロックグループ「マシナ・ブレーメニ」のリーダーで人気歌手のアンドレイ・マカレービッチがウクライナのボランティア軍人団体から招かれて、紛争が続くドネツク州内でウクライナ軍のための慰問コンサートをしたとロシアの複数のメディアが報じ、与党「統一ロシア」の議員が下院で「マカレービッチは以前からファシストと協力している裏切り者だ」として、ロシア政府が与えたすべての名誉を剝奪するよう提案する騒ぎになった。マカレービッチ本人は「ボランティアから招かれれば引き受けることにしている。自分はドネツクとルガンスクの避難民のためにコンサートをしただけだ」と否定したが、マカレービッチへの攻撃はその後も続いた。

マカレービッチはクリミア編入直後の同三月、ウクライナへの介入に反対する野党勢力がモスクワで呼び掛けた「平和行進」に参加し、「クリミアの人々の気持ちはわかるが、あそこにロシア軍が投入されているのは理解できない。ウクライナとの戦争には反対だ」などと述べ、これがインターネット上で「反ロシア的発言」として取り上げられていた。ほかにも、ウクライナとの戦争に反対だと述べた歌手、ジャーナリスト、テレビ司会者らが次々と「裏切り者」扱いされ、やり玉に挙げられた。

同じ月、ロシア消費者権利保護・福祉監督庁は、米ファストフード大手マクドナルドのモスクワ市内の四店舗で衛生上の問題が見つかったと発表し、営業停止を命じた。営業停止の店舗はその後少なくとも一二に上り、営業再開が認められたのは一一月だった。この官庁は過去にグルジア、モルドバ、ウクライナなど近隣諸国との外交関係が悪化した際に「衛生上の問題」を理由に食品輸入を停止する措置を取ってきたことから、米国を代表するファストフードチェーンへの突然の営業停止は米国の対ロシア制裁への報復だという見方が広がった。

その後も下院外交委員長プシコフがマクドナルドやコカコーラなどの企業をロシアから排除したらどうかと提案するなど、「米国文化」に対する攻撃は続いた。一五年三月には、プーチンと個人的に親しく「クレムリンの御用監督」と揶揄されることもある映画監督ニキータ・ミハルコフと、兄の映画監督アンドレイ・コンチャロフスキーが純ロシア産の外食チェーン「エジム・ドーマ(うちで食べよう)!」を政府と共同で立ち上げる計画をプーチンに提案した。欧米の制裁が続く中、マクドナルドなど米国の「ソフトパワー」に対抗して自前のブランドを作ろうという試みだ。「うちで食べよう!」というのはコンチャロフスキーの妻で女優のユリヤ・ビソツカヤが、まるでレストランの厨房のように大きい自宅キッチンで素早くモダンな料理を作ってみせる民間テレビNTVの番組の名前で、速射砲のようなおしゃべりと豪華なレシピで人気がある。ロシア紙『コメルサント』によると、提案を受けたプーチンはさっそくドゥボルコビッチ副首相に検討を命じた。

「プーチンあってのロシア」

こうした右傾化を象徴するのが、ロシア大統領府のビャチェスラフ・ウォロジン第一副長官の発言だった。ロシア紙『イズベスチヤ』などによると、プーチンが米国を最も厳しく批判した二〇一四年一〇月の「ワルダイ会議」での非公開の席で、ウォロジンはウクライナ危機を理由にした欧米の対ロシア制裁をロシア国民は自分自身への攻撃と感じているので制裁は役に立たないと指摘し、「プーチンがいるからロシアがある。プーチンがいなければロシアはない」と述べた。この発言をメディアに伝えた参加者は「ウォロジンの言葉は、今のロシアと国民の状況を非常によく言い当てている」と解説した。

ちなみに、この「プーチンなくしてロシアなし」という発言についてプーチンは数日後、フランスの絶対君主ルイ一四世の言葉「朕は国家なり」を引き合いにして「そういう命題は間違いだ」と述べた後、こう答えている。

「私にとってロシアは人生のすべてだ。……私はロシアの大地との絆を感じている。ロシア以外に住むことなど絶対にできない。もちろんロシアの方は、私のような者がいなくてもやっていける。たくさんの人材がいるからだ。ただし大統領の職にあるうちは、ロシアの発展と防衛に全力を尽くす」

こういうことを特に力むでもなく、さらりと言ってのけるところに政治家プーチンの真骨頂がある。謙遜と自負、そして国民から支持されているという自信のほどがうかがえる発言だ。

ゴルバチョフも支持

クリミア編入についてのロシア国内の評価は、欧米のそれとはまったく異なる。欧米で「ソ連を民主化した偉大な政治家」として尊敬を集め、プーチンを「権威主義的だ」と批判してきたゴルバチョフ元ソ連大統領ですら、クリミア編入を支持している。

ゴルバチョフはプーチンのクリミア編入宣言直後にロシア紙『コムソモーリスカヤ・プラウダ』のインタビューで、「クリミアのロシアとの統合に満足ですか」と聞かれて「私はうれしい。クリミアの人々は、住民の意思に反したフルシチョフの決定のためにウクライナに住むことになった。住民投票でロシアに戻りたいという人々の意思が示された。これは彼らの選択であり、権利だ。……これからは(ロシアは)ウクライナを支えなければならない。両国が共に発展できるようにだ」と答えている。

ベルリンの壁崩壊二五年に関連した一一月一九日付の同紙とのインタビューでは、クリミア問題の原因は「ソ連の崩壊」であり、すべては当時のロシア大統領エリツィン、ウクライナ大統領クラフチュク、ベラルーシ最高会議議長シュシケビッチがソ連解体と独立国家共同体(CIS)創設で合意した「ベロベージエの森」の協議の際に決めておかなければならなかったのだと指摘して、クリミア編入を「是認する」と明言した。「国際法上の問題は?」との問いには「ソ連崩壊の時、どこに国際法が存在したかね? 欧米はそれをよしとしたのではなかったか。ならば最後まで干渉しないことだ」と、ソ連の存続を目指したゴルバチョフを見限ってエリツィンらを支持した欧米に対する恨み節とも思える反応をし、「私は、欧米は既にロシアのクリミア編入を受け入れたと思う」と語っている。

冷戦終結の功績でノーベル平和賞を受賞し、欧米で高く評価される半面、ロシア国内ではいまだに「祖国の裏切り者」呼ばわりされているゴルバチョフのクリミア問題に関する見方は、ロシアのリベラルなインテリ層ですら、クリミアはロシアに戻るべき相当な理由があったと考えていることを表している。

もっともゴルバチョフは、同じ月にモスクワで行われた新著の発表会で「エリツィン時代の後、ロシアを崩壊から救った」とプーチンを評価する一方で、「彼は、私自身もかつて患った「病気」にかかり始めているようだ。自信過剰という病気だ。いまや彼は神か、少なくとも神の代理人のようになっている」と述べ、「強い国家は野党のデモを蹴散らしたりしない。それは弱さの表れだ。強い国家とは民主的な国家だ」と、プーチンの強権的手法にあらためて苦言を呈している。

キッシンジャーの言葉

欧米の首脳や高官らがプーチンをヒトラーになぞらえるなど、ごうごうたるロシア非難の中、ウクライナ危機についてのヘンリー・キッシンジャー元米国務長官の発言は興味深い。

キッシンジャーは二〇一四年一一月一三日付のドイツ誌『シュピーゲル』電子版に掲載され

たインタビューで「クリミアは特別なケースだ。ウクライナは長いことロシアの一部だった。いかなる国が国境を変更し他国の一部を取ることも容認はできないが、もし欧米が誠実であるならば、自分の側の過ちを認めるべきだ。クリミア併合は世界制覇への動きではなかったし、ヒトラーのチェコスロバキア侵攻でもなかった」と述べ、「欧米は、ウクライナのEUとの経済関係強化の交渉開始やキエフでのデモの重要性を理解していなかった。これらはロシアと対話すべき問題だったのだ。……ウクライナはロシアにとって常に特別な意味を持っていた。それに気付かなかったのは間違いだった」と指摘して、ウクライナ危機では欧米側にも責任の一端があると指摘した。

キッシンジャーは、冷戦の再来は歴史的悲劇になるだろうと述べ、「もし道徳的観点や安全保障の観点から紛争が回避可能なものであるならば、当事者はそれを回避しなければならない。……欧米がクリミア併合を容認できないなら、何らかの対応が必要だった。しかし欧米側の誰も、クリミア問題解決の具体的なプログラムを示していない」と外交的努力の不十分さに苦言を呈し、ロシアはイラン核開発問題や、過激派組織「イスラム国」(IS)の拠点となっているシリア内戦などを解決するために協力すべき「国際社会の重要なパートナーだ」と述べて、欧米の制裁に疑問を投げ掛けた。キッシンジャーの指摘は、時に「外交音痴」とも指摘されるオバマ民主党政権の外交方針に対する批判でもあろうが、「ロシアのことをもっと理解する必要がある」という提言にも聞こえる。

プーチン、四期目へ

クリミア編入に端を発するウクライナ危機への対応で支持率が二〇〇〇年の大統領就任以来最高水準に達したプーチンは、一八年の次期大統領選挙に立候補するかどうかについて具体的には何も語っていない。しかしプーチンに代わることができる政治家は見当たらず、次期大統領選で通算四回目の当選を果たすことはほとんど確実とみてよさそうだ。

プーチンはことあるごとに「終身大統領になるつもりはない」と述べているが、これを額面通りに受け取る人は少ない。

クリミア編入から三カ月後の一四年六月一五日に「世論調査基金」が実施した調査では、一八年以降もプーチンに大統領を続けてほしいという回答が六六%に達し、「続けてほしくない」が一四%だった。続投を望む理由としてはクリミア編入やソチ冬季五輪の成功、対ウクライナ政策を挙げた人が多かった。大統領選では過半数の得票をした候補が一回目の投票で当選することになっており、少なくともこの時点では十分な数字だ。

「欧米との対立が今後も続く以上、プーチンは二〇一八年に引退できない」と指摘するロシアのインターネットニュースサイト「ガゼータ・ルー」のナタリヤ・ガリモワ政治評論員は、一四年一一月五日付のコラムで次のように指摘している。

クリミア編入とウクライナ東部への介入により、国は大きく変わった。「クリミア以前」と「クリミア後」のロシアはまったく別のものだ。野党と与党勢力の区別はなくなり、皆が一緒に大統領支持の集会に繰り出している。大きな違いは社会の心理的状況だ。今のロシアは常時動員態勢にあり、戦時の法に従って生活している。それは世界の出来事を白か黒か、「敵か味方か」に区別し、政権を支持する者は味方で、批判的な者は裏切り者だ、という見方を強いている。ウクライナ問題で現政権の立場を支持しない市民、ロシア軍はウクライナ東部の戦闘に引きずり込まれているのではないかと疑う者、ロシア空挺部隊員の死の理由や、ロシアのいくつかの地方でつくられた真新しい墓は何なのかを疑う者に対しては「第五列」(「裏切り者」あるいはスパイの意)という表現が頻繁に使われている。

戦争はクレムリンにとって好都合だ。あらゆる政権批判は冒瀆だ、裏切りだと言い、ロシアが欧米から攻撃されている時には国民は大統領の周りに結集すべきだ、不満を言うのは敵の手先だと決めつけることができるからだ。今後の経済や、欧米の制裁はどうなるのかについての深刻な議論はなく、「われわれは負けない」「すべてはうまくいく」というお題目だけが唱えられている。

ガリモワは『モスコフスキー・コムソモーレッツ』の記者を長年務めたジャーナリストだ。一一年九月には、当時のメドベージェフ大統領が再選を断念し、「双頭体制」を組んでいたプーチン首相に次期大統領選出馬を要請した「統一ロシア」臨時党大会の「つくられた熱狂」ぶりを「統一ロシアは滑稽さの点でソ連共産党を超えた」と書いた。ガリモワは一四年秋の時点で既に、政権批判に「第五列」というレッテルを貼る異常な愛国主義高揚の危険性を感じていた。この懸念は、約四カ月後の一五年二月二七日、プーチン政権批判の急先鋒だった野党指導者ボリス・ネムツォフ元第一副首相が何者かに殺害され、現実のものとなる。

「ロシア軍派遣」を否定

ガリモワが指摘しているように、二〇一四年夏には、ウクライナ東部で親ロシア派が一部を実効支配しているドネツク、ルガンスク両州と国境を接するロシア南部で多数の戦車を積んだ貨物列車が目撃され、プーチン政権に批判的な調査報道で知られるロシア紙『ノーバヤ・ガゼータ』などが、死亡場所が伏せられたままの若い兵士の埋葬がロシアの各地で営まれていると報じ、政権の度重なる否定にもかかわらず、ロシア軍がウクライナ領内に侵攻しているとの見方が広まっていた。八月二九日付のロシア紙『ネザビーシマヤ・ガゼータ』(独立新聞)は、三〇〇〇―四〇〇〇人のロシア兵が「休暇を取って自発的に」親ロシア派と共に戦っているとの「ドネツク人民共和国」のザハルチェンコ首相の発言について、「兵士の生命を預かっている軍司令官は部下が休暇で戦場に行くことを認めたりはしない。「傭兵」の募集や訓練、資金提供は刑法で禁じられており、違反すれば四―八年の懲役刑に処せられる罪だ」と指摘して、親ロシア派を支援しているのは「休暇中のロシア兵」だという説明に強い疑いを差し挟んでいる。

一五年一月にはこんな「事件」もあった。

『コメルサント』などによると、政府軍と親ロシア派が激しい戦闘を続けていたウクライナ東部との国境に近いロシア西部スモレンスク州ビャジマに住み七人の子供を持つ三六歳の母親スベトラーナ・ダビドワさんは一月二一日に国家反逆罪の疑いでロシア連邦保安局(FSB)に突然逮捕された。ロシア軍基地の近くに住んでいたダビドワさんは乗り合いバスに乗っていた時、軍関係者がかけていた電話の内容を聞き、基地にいる部隊が紛争の続くウクライナ東部ドネックに送られると知った。ウクライナでの戦闘に強く反対していたダビドワさんは犠牲が出るのを止めようと一四年四月に何度かウクライナ大使館に電話してこの内容を伝え、これが「敵への国家機密の漏洩」に当たるとされた。逮捕されたダビドワさんはスモレンスク経由でモスクワに移送され、ＦＳＢの前身であるソ連の秘密警察、内務人民委員部（ＮＫＶＤ）やＫＧＢがいわゆる「反革命分子」を拷問・処刑した悪名高いレフォルトボ監獄に入れられた。

幼児も含め、たくさんの子供を育てている主婦を「反逆罪」で逮捕したやり方には、愛国主義が高まっていたロシア社会でもさすがに強い疑問の声が上がり、大統領府にはダビドワさんを処罰しないよう求める四万件の署名が提出された。ダビドワさんは二月三日夜に保釈され、三月には「犯罪を構成する根拠の欠如」を理由に捜査が打ち切られた。

ＮＡＴＯなどが衛星撮影写真なども公開しながら「ロシア軍はウクライナ東部に侵入し親ロシア派とともにウクライナ政府軍と戦っている」と指摘しても、また『ノーバヤ・ガゼータ』などがドネツク州での戦闘で負傷したロシア戦車兵との詳細なインタビューを報じても、プーチンやロシア政府高官らは「ウクライナにロシア軍部隊はいない」と言い続けた。

ネムツォフ暗殺

そんな中で起きたのが、エリツィン政権下で第一副首相を務め、プーチン政権発足後は下野して野党「連帯」などを率いてきたネムツォフの射殺事件だった。

ネムツォフは二月二七日深夜、クレムリンに近いモスクワ川の橋の上を知人のウクライナ人女性モデルと歩いているところを何者かに銃撃された。四発の銃弾を浴びほとんど即死したとみられている。五五歳だった。ネムツォフはプーチンの下で首相を務めた後に解任されたカシヤノフ元首相と共に野党「ロシア共和党・国民自由党」の共同議長を務め、三月一日にモスクワで大規模な反政権デモを計画していた。

事件に関連して五人が容疑者として拘束され、うち訴追された一人ダダエフ被告は、チェチェン共和国のトップでプーチンに忠誠を誓っているラムザン・カディロフ首長直属の「セーベル大隊」幹部だった。ダダエフはいったん関与を認めたが、その後アリバイを主張するなどし、実際にどの程度関与したのかや動機などははっきりしない。

ネムツォフは殺害される数時間前にラジオに出演し、プーチン政権の対ウクライナ政策を厳しく批判していた。また、ウクライナ東部にロシア軍が展開していることを示す「確かな証拠」を公表する準備をしていた。

プーチンの側近ドミトリー・ペスコフ大統領報道官は殺害の直後、ネムツォフは「政権にとって政治的脅威ではなかった」と述べ、政権によるネムツォフ暗殺ではないかとの見方に早々と予防線を張った。確かにネムツォフは一九九八年に第一副首相を解任された後は要職に就いておらず、代表を務めたリベラル政党「右派連合」もプーチン政権下で下院の議席を失っていたから実際の政治的影響力はなかったが、「プーチンなきロシアを」などのスローガンを掲げて常に反政権デモの先頭に立つ、最も著名で行動的な「反プーチン」の活動家だった。

エリツィン政権時代にニジェゴロド州知事から第一副首相に抜擢された。極右のジリノフスキーとのテレビ討論でコップの水をかけられたこともあった。二〇〇四年のウクライナの「オレンジ革命」の際は独立広場の反政権デモに参加し、「ウクライナの民主化なくしてロシアの民主化もない」と訴えた。一一年にはプーチンの新興財閥との密接な関係や個人的な蓄財疑惑に関する独自の調査報告をインターネット上で公表し、「強権ではあるが汚職とは無縁」という一般的なプーチンのイメージに疑問を呈し、同年末にモスクワで頻発した大規模な反プーチン・デモのきっかけをつくった。

殺害の後に関係者からネムツォフの手書きのノートを見せられたロイター通信によると、ネムツォフは、モスクワ北東のイワノボ州にあるロシア軍部隊に所属し、ウクライナ東部での戦闘に参加させられて同僚一七人が死亡したという兵士らと接触していた。ネムツォフはプーチン政権が頑として認めないウクライナへの直接の軍事介入を公然と指摘し非難する数少ない政治家の一人だった。クリミア編入で最高潮に達した愛国主義の高まりと反対派への白眼視の中で、ネムツォフは他のリベラルな政治家やジャーナリストらと共に「裏切り者」のレッテルを貼られ、ネムツォフらの似顔絵を「第五列」の文字と共に書いた横断幕がモスクワの目抜き通り、ノーブイ・アルバートの有名書店ドム・クニーギの屋根から掲げられたこともあった。それでもネムツォフは持ち前の楽観的性格から「命の危険は感じていない」と述べて、相変わらず歯に衣着せぬプーチン批判を展開していた。

三月一日に予定されていたデモはネムツォフの追悼集会に切り替えられ、五万人の市民が参列した。自己顕示欲の強さを嫌う人もいたが、その活動は言論による批判の枠を逸脱することはなく、オープンで豪放な性格は多くの人から愛された。『コメルサント』は殺害の翌日、ネムツォフの顔写真と共に「まぶしすぎた人」の見出しを掲げ、「生前は正しく評価されなかった彼の政治的・社会的役割の大きさは、その悲劇的な死の後にようやく理解され始めている」との追悼記事を載せた。国民の間には、プーチン政権に反対すればネムツォフのような人物も殺害されるという重苦しい衝撃が広がった。

2　反動

油価急落、ルーブル暴落

クリミア編入やその後のウクライナ東部への介入で自らの正しさを強調し、一貫して強気だったプーチン政権にとって、二〇一四年秋からの国際的な原油価格急落は予想しない冷や水だった。同年夏に一バレル＝一〇〇―一一〇ドルで推移していた原油価格（北海ブレント原油先物相場）は一一月半ばに一バレル＝八〇ドルを割り、一二月一六日には一時一バレル＝五八ドル台と、約五年五カ月ぶりに六〇ドルを割り込んだ。同じ年の六月の水準に比べると約半値だ。一六年一月にはニューヨーク市場の原油先物相場が一時一バレル＝二六ドル台まで落ち込んだ。

国家財政の約半分を原油や天然ガスの輸出による収入に頼っているロシアにとって、原油価格が半年の間に半分になることの打撃の大きさは想像に難くない。原油価格が一ドル下がると国家の歳入が約一七億ドル減るとの試算もある。

ロシア通貨ルーブルの対ドル為替レートは原油価格に従って急落し、ロシア中央銀行の度重なる通貨介入や主要政策金利の引き上げも歯が立たず、一四年初頭に一ドル＝三二ルーブル台だったのが一二月一六日には一時史上最安値の一ドル＝七九ルーブル台にまで下がった。同じ日、中央銀行の主要政策金利は一七・〇％にまで引き上げられた。輸入品を買う場合、ルーブルで受け取っている給料の価値は一年前に比べて半減したことになる。実際、モスクワなど大都市の消費者は大型スーパーマーケットで欧州などから輸入された野菜や肉などを買うのが普通になっていたから、市民生活への影響は小さくなかった。

加えて、プーチン政権が欧米の対ロ制裁に対抗して、欧州からの果物や野菜など庶民生活に欠かせない食料品の輸入を禁止する報復制裁を発動し、これらの商品が品薄になっていたため、通貨下落は必然的にインフレを呼び起こした。ソ連時代の買いだめによる生活防衛に慣れているロシア人は、手持ちのルーブルがさらに下落し商品価格が一層高騰する前に現金を商品に替えようとし、都市部では高級車やテレビなどの高額商品が一時飛ぶように売れた。人々はプーチン政権下で普及したフィットネスクラブ通いをやめるなどの生活防衛を始め、財政難に陥った政府では年金支給年齢の引き上げが議論され始めるなど、将来への不安の声が出るようになった。

原油価格急落は、米国のシェールオイル開発の進展やロシアの増産で原油がだぶつき始めたこと、またシェールオイルに危機感を抱いた産油国サウジアラビアが、コストの高いシェールオイルを採算割れに追い込みシェアを確保したい思惑から減産に踏み切らず低価格競争を仕掛けたことなどが原因と指摘されている。しかしプーチンは「人工的に原油価格を低落させる試みは自分たち自身にとって害となるだろう」と述べ、これもウクライナ危機に関係した欧米の「制裁の一部」であるかのような説明をした。

経済危機——冷めた熱狂

原油価格の急落で、ウクライナ危機に伴う欧米の制裁を受けていたロシアは経済危機に陥った。ロシア中央銀行によると二〇一四年一年間のロシアからの資本流出は一五一五億ドルに達した。これはリーマン・ショックによる世界経済危機のあおりを受けた〇八年の資本流出一三三六億ドルを上回る規模だった。一四年末に可決、成立していた一五年の国家予算は同年四月に修正を余儀なくされ、当初一五兆一〇〇〇億ルーブルだった歳入は一二兆五四〇〇億ルーブルに、歳出も一五兆五〇〇〇億ルーブルから一五兆二一五〇億ルーブルに下げられた。一五年の財政赤字は国内総生産(GDP)の三・七%に達した。

メドベージェフ首相は一五年四月二一日に下院で行った政府活動報告で「こんにち、われわれが直面しているのは短期的な危機ではない。もし国外からの制裁がこのまま続き、原油価格が超安値で推移するなら、新たな経済的現実の下での発展を考えなければならない」と述べた。メドベージェフは、制裁の影響でロシア経済が被った損失は一四年に二五〇億ユーロに達したと述べ、一五年には三倍の七五〇億ユーロ、GDPの四・八％に至る可能性があると認めた。

メドベージェフはその一方で国家成長の戦略目標は変わらないと強調し「市場経済にはサイクルがあり、経済危機は過去にもあったし、これからもある」と述べた。これには野党から批判が相次ぎ、共産党のジュガーノフは「最大の危機は人事にある」と述べ、暗に首相の交代を要求した。ジリノフスキーはナビウリナ中央銀行総裁らの更迭や地方自治体債務の帳消しなどを求めた。一四年三月に与野党がこぞってプーチンのクリミア編入提案を支持した時の熱狂は一年ほどしか続かず、厳しい現実が待っていた。

3　プーチンの戦略は変わったか

「二年で危機脱出」

ルーブル暴落と原油価格の急落で経済危機が誰の目にも明らかになっていた二〇一四年一二月一八日に開かれたプーチンの年末恒例の記者会見は、三月のクリミア編入でロシアの世論が高揚しウクライナ問題に質問が集中していたそれまでの会見とは雰囲気が一変した。ウクライナをどうするのかはもはや二の次となり、最大の関心事は「ロシア経済はどうなるのか」という問いにプーチン自身がどう答えるかだった。

緊張した雰囲気はプーチンにも伝わっていた。黒いスーツに紫色のネクタイを締めたプーチンは着席するなり「ご機嫌でファイト満々の皆さんを見て大変うれしい」と冗談を言いながら冒頭発言を始め、最近一〇カ月でＧＤＰは〇・七％成長し、人口の自然増は三万七一〇〇人に達したなどと一四年の「成果」を数字で挙げた。その後、ルーブル暴落などの経済上の問題は「外的要因」によって起きていると指摘し、政府や中央銀行は基本的に適切な対応をしていると述べて、批判にさらされていた閣僚や中銀総裁をかばった。さらに「原油価格の一層の低下や通貨への影響、インフレの進展もあり得る」と言いながら、「将来的にはプラス成長に転じ、現在の状況から脱することができる。世界経済はスピードが鈍化したとはいえ成長を続けており、エネルギー需要は回復が見込まれるからだ。そのためにかかる時間は最悪でも二年程度だ」と述べ、年金、賃金に悪影響はないと強調した。

この日二番目に質問した『コムソモーリスカヤ・プラウダ』のアレクサンドル・ガーモフ記者が話したことは、プーチンが毎年実施する記者会見や、テレビを通じた「国民対話」の性格をよく言い当てていた。ガーモフは次のように切り出した。

「ひと言いわせてください。大統領、今日は非常にたくさんの人々が、あなたが記者会見に姿を現すのを待っていたと思います。みんなが、プーチン氏はどんな雰囲気で会見するだろうかと話していました。なぜなら、この国の多くの人の気分はそれによって左右されるからです。あなたはもう何度も笑顔を見せてくれました。あなたの楽観的な性格に感謝します。あなたがおっしゃった通りになると期待してます」

その後の質問はもうどうでもよかった。つまりプーチンの年末会見や「テレビ国民対話」は、プーチンがいつも通りに力強く元気な姿を国民の前に見せ、欧米などの「外敵」から国民を守る決意を示し、時折皮肉交じりの冗談を言いながら「何も心配することはない。すべてはうまくいく」と約束する機会なのだ。大統領になりたての頃に注目されたテレビを多用する手法をプーチンはいまだに変えていない。テロや経済危機などの問題があっても、国民はプーチンという「守護者」が元気でファイトにあふれる姿を見て心理的に癒され、落ち着きを取り戻す。クリミア編入という歴史的な恍惚状態を味わった後の国際的孤立と経済危機に不安を募らせるロシア国民にとって、この日の記者会見はまさに「心理的な救い」だったに違いない。

その一方でこの記者会見は、この年二月のヤヌコビッチ政権崩壊以来続いてきた、プーチン政権の強気一辺倒の政策が転換されたことを感じさせるものでもあった。プーチンは「経済危機」という言葉は慎重に避けたが、内容も本人が示した数字も、ロシアが深刻な経済危機に陥ったことを認めるものだった。プーチンは、ウクライナ東部にロシア軍はいるのかどうかについての質問に「あそこにいるのは、自らの義務を果たしている者であれボランティアであれ、雇い兵ではない。カネは受け取っていないからだ」と述べて、ロシアからの義勇兵が東部での戦闘に加わっていることを事実上認めた。また東部で続く武力紛争について「圧力ではなく政治的手段で解決するしかない。正常化は早いほどいい」とし、「具体的な中身はまだわからないにせよ、われわれはウクライナの政治的一体性が回復されるべきだと考えている」と述べて、微妙な言い方ではあるが、「ノボロシア」(新ロシア)を自称する東部の親ロシア派の独立やロシアへの編入を支持しないことを示唆した。また、ウクライナ大統領ポロシェンコはロシアとの和解と正常化に前向きだが、周囲に戦争の貫徹を主張する好戦派がいて和平の実現を妨げていると主張し、自身はウクライナ危機の解決に前向きであることを強調した。

会見の最後に出た「二〇一八年の次期大統領選に立候補することを決めているか。その決定にはルーブルの為替レートや経済状況が影響を与えるか」という質問にプーチンは「一八年の選挙の話は誰にとってもまだ早い。まずロシア国民の利益のために働き、その結果として誰が次の大統領選に立候補すべきかが決まる」と答えた。メドベージェフとの「双頭体制」で首相を務めていた時には「次の選挙に立候補するか」と聞かれて「可能性は排除しない」などと答えていたプーチンが、大統領に復帰して電光石火のクリミア編入に踏み切ってからわずか九カ月後にこう答えざるを得なくなると誰が想像しただろう。

経済構造の転換を目指す

プーチンは今後の経済立て直しをどうするつもりなのだろうか。

「二年以内に回復に転じる」と請け合った二〇一四年の記者会見でも、また「危機のピークは過ぎた」と述べた一五年末の会見でも、具体的な処方箋は示されなかった。そもそも原油価格の急落はまさに外的要因であり、ロシアだけでどうにかなる問題ではない。プーチンは、二年でロシアの産業構造を多角化し、資源輸出に過度に依存した体質を変えると述べた。資源輸出依存からの脱却はプーチン政権の二期目、あるいは「双頭体制」で首相を務めていた時からの課題であり、今に始まった問題ではないが、原油価格が約半分から三分の一になった現実を前にしては喫緊の課題となった。

プーチンは、経済危機がこれほど深刻化する前の二〇一四年一〇月に行った「ワルダイ会議」での講演の際、欧米の制裁と国際的孤立を念頭に「ロシアはポーズを取ったり、誰かに対して怒ったり、何かを頼んだりはしない。ロシアは自給自足が可能な国だ。われわれは国際経済の条件に従って活動し、自国の産業と技術を発展させ、改革を断行する。これまで何度もそうしたように、外からの圧力はわが国の社会を団結させ、われわれを発展に向けて集中させるだろう。制裁はもちろんわれわれの障害になっているが、世界は根本的に変わった。われわれは孤立の道を歩まず、対話を目指す」と述べた。

実際、ウクライナとの関係悪化は、ソ連時代以来ロシアの産業界と密接な関係を保ってきたウクライナ東部の重工業地帯との協力関係の崩壊を意味する。特に軍需産業の分野では、ロシアのウクライナ企業への依存度が高い。

米政府系「ラジオ自由」のウォロノフ軍事評論員によると、ロシアの核戦力の中核を担う大陸間弾道ミサイル(ＩＣＢＭ)の約五〇％にウクライナ製のロケットや制御装置などが使われている。特に米ミサイル防衛(ＭＤ)網に対抗できるとされる多弾頭のＩＣＢＭ、ＳＳ18「サタン」はソ連時代にウクライナ東部ドニエプロペトロフスクの軍需企業ユジノエで製造され、ウクライナ東部ハリコフの軍需企業ハルトロンの制御装置などを装着している。

また、ロシア軍のサイロ格納式ＩＣＢＭの約一五％がドニエプロペトロフスクのミサイル工場「ユジマシ」製だ。ソ連時代に作られ既に老朽化したこれらのミサイルは製造元の技術者のチェックを受けて使用期限を延長し続けており、紛争のためウクライナとの協力が途絶えればロシアの核戦力が打撃を受ける可能性がある。

またロシアの軍用ヘリコプターのほとんどがウクライナ東部ザポロジエの企業モトール・シッチ製のエンジンを装備している。南部ニコラエフの企業ゾリャー・マシプロエクトのガスタービン・エンジンは将来ロシア海軍に新規配備される軍艦に使われる予定だ。ハルトロン製の制御装置はロシアの宇宙船を国際宇宙ステーションに打ち上げているロケット「エネルギヤ」「ドニエプル」などにも使われており、宇宙開発の分野でもウクライナ企業との協力は欠かせない。

プーチン政権は二〇二〇年までに少なくとも二〇兆ルーブル(一四年四月の為替レートで約五七兆円)の予算を投じ、老朽化した核ミサイルの大半を含む防衛装備を全面的に近代化する計画を進めている。しかし更新の規模が大きいため、すべての新装備を国産で調達することは困難だ。ウクライナとの協力がなくなれば、プーチンが最優先課題に掲げる軍の近代化にも支障が出かねない。このためプーチンや、軍需産業担当のロゴジン副首相は外国製軍需調達品への依存度を低減するようハッパを掛けているが、一朝一夕に国産品に切り替えることは不可能だ。

主要輸出品である原油と天然ガスについては、ウクライナ危機で欧州市場のこれ以上の発展は見込めなくなり、中国や日本をはじめとするアジア市場との関係強化をこれまで以上に迫られることになった。ウクライナ危機で、ロシアは経済構造の大幅な見直しを迫られている。

輸入に頼りすぎていた農産物、食料品の国内生産力の強化や欧州偏重の貿易、資源輸出依存の経済構造の転換を進める必要性については以前から指摘されていたが、官僚主義などに阻まれて改革は実現してこなかった。プーチンはウクライナ危機を逆手に取って、これまで先延ばしになっていたこれらの改革を断行し、ピンチをチャンスに転じる姿勢を明確にした。しかし、いずれも「二年」で達成できる目標とは思えない。

ミンスク2——徹夜の四者会談

二〇一五年二月一一日、ベラルーシの首都ミンスクにロシアのプーチン、ウクライナのポロシェンコ、フランスのオランドの三大統領とドイツ首相メルケルの四首脳が、前年九月に続いて集まった。米国抜きのいわゆる「ノルマンディー・フォーマット」の首脳会談は、一五年一月から再び激化したウクライナ東部での政府軍と親ロシア派の戦闘行為で一般市民の死者が急増し、オバマ米政権がウクライナ政府軍への武器供与の検討を開始したことを受けたものだった。年明けからの戦闘激化で、停戦を決めた前年九月の「ミンスク合意」は破綻状態となり、路線バスへの砲撃など明らかに民間人を狙ったと思われる攻撃が相次いでいた。会談前日の一〇日にはドネツク州クラマトルスクの住宅密集地域に親ロシア派支配地域からロケット弾が撃ち込まれて民間人を含む一六人が死亡し、深夜に急遽現地に飛んだポロシェンコは「人道に対する罪だ」とこれまでにない厳しさで親ロシア派を非難し、一一日の会談で成果がなければ全土に戒厳令を布告するとまで述べた。

「蚊帳の外」に置かれているオバマは一〇日にプーチンと電話協議し、親ロシア派への支援を続ければ「ロシアが払う代償はさらに重くなる」と述べ、新たな追加制裁もあり得ると警告した。米国がウクライナの求めに応じて殺傷能力のある武器を供与すれば、ロシアから兵器や兵士を供与されているとみられる親ロシア派とウクライナ政府軍との戦闘はいよいよ米ロの「代理戦争」の色彩を濃くし、暴力の連鎖に歯止めがかからなくなる恐れがあった。ロシアと地続きの欧州にあり、EUの中核を自任するドイツとフランスにとって、もはや事態の悪化を座視してはいられない状況だった。

特に精力的に動いたのはロシアとの関係が深いドイツのメルケルだった。オランドと共に米国によるウクライナへの武器供与に反対し、ミンスク会談前の一週間でウクライナのキエフ、ロシアのモスクワ、米ワシントン、カナダのオタワを訪問し、ミュンヘンの安全保障国際会議にも出席した後、オランドと一緒にミンスク入りした。その行動力の裏に、欧州の安全保障は欧州が決めるという自負や、プーチンと築いてきた個人的関係への自信とともに、もはやオバマ政権は頼れないという思いがにじんでいた。

現地の一一日午後七時ごろ、ミンスクの「独立宮殿」で始まった会談は徹夜で延々と続き、結局翌日の昼ごろまで、約一六時間に及んだ。メルケル、オランドは一二日のブリュッセルでのEU非公式首脳会議出席を遅らせてミンスクにとどまり、プーチンとのマラソン協議につきあった。ミンスクでは同時に別の場所で、ウクライナ政府と東部の親ロシア派「ドネツク人民共和国」「ルガンスク人民共和国」、ロシア政府、欧州安保協力機構（OSCE）のそれぞれの代表者が参加する「連絡調整グループ」会合も開かれ、お互いに連絡を取り合っていた。

会談終了後に発表されたのは「ミンスク合意の履行に関する方策」と題された一三項目の合意文書と、この合意を支持すると表明する四首脳の共同宣言だった。前年九月のミンスク合意と区別するため「ミンスク2」と呼ばれるようになった合意の概要は、キエフ時間二月一五日午前〇時からの全面停戦や、紛争当事者が互いに口径一〇〇ミリ以上の重火器を引き離して幅五〇キロ以上の緩衝地帯を設けること、重火器撤去は停戦後二日以内に開始し二週間以内に完了すること、ドネツク、ルガンスク両州の親ロシア派支配地域での地方選挙実施に向けた協議を開始すること、すべての外国部隊や雇い兵をウクライナ領土から撤退させること、親ロシア派支配地域に「特別な地位」を付与する恒久法を年内に成立させることなどだ。

ドイツ紙『フランクフルター・アルゲマイネ』によると、徹夜の協議は一二日朝、もう少しで決裂するところだった。この時ウクライナ東部では、二つの親ロシア派の支配地域の中心都市ドネツクとルガンスクを結ぶ交通の要衝デバリツェボで、ウクライナ政府軍の兵力の三分の一にあたる五〇〇〇人が親ロシア派に包囲されていた。交渉の中でプーチンはウクライナ部隊がデバリツェボを放棄して降伏するよう求め、これを拒否するポロシェンコと激論になっていた。仮眠を取りながらの徹夜の協議の結果ようやく合意文書案がまとまった一二日の朝になって、四首脳とは別の会場にいた「ドネツク人民共和国」トップのザハルチェンコと「ルガンスク人民共和国」トップのプロトニツキーが、デバリツェボの政府軍が降伏しない限り停戦に合意できないと言い出した。これにはメルケルが「時間の無駄だ」と激怒し、オランドを伴ってブリュッセルに向かうと宣言した。これを受けてプーチンが親ロシア派の二指導者に直接電話をかけて説得し、約二時間後に合意文書への署名にこぎ着けたという。同紙は、プーチンが親ロシア派にデバリツェボを掌握させるための時間稼ぎをしていることがほかの三首脳にはわかりきっていたが、流血停止のために合意するしか手がなかったと伝えている。

合意の後、プーチンはいち早く首脳会談会場の外で待ち受けていた記者団の前に姿を現した。徹夜のマラソン協議の直後であることをほとんど感じさせない快活さで、一晩待ちくたびれた記者団に「おはようございます、と言わなきゃなりませんね」と笑顔を見せたプーチンは、「私の人生で最良の夜だったとはいえないが、朝はさわやかだ。いろいろ困難はあったが合意に達したのだから」と言いつつ合意の概要を説明し、デバリツェボにも言及して「無意味な流血を避けるよう、双方に自制を呼び掛ける」と述べて、ロシアは紛争当事者ではなく紛争解決の仲介者だという立場をあらためて強調してみせた。

共同会見したメルケルとオランドはさすがに徹夜の疲れを隠せない表情で「（親ロシア派への）影響力を行使してくれたプーチン氏に感謝する」（オランド）、「希望の光が残った」（メルケル）と述べ、プーチンを持ち上げた。この会談でも主役はやはりプーチンだった。「ロシアの要求には受け入れられないものがある」と渋面をつくり、ホスト役ベラルーシのルカシェンコ大統領に肩を抱えられるようにして会場を後にしたポロシェンコは明らかに敗者の趣で、プーチンとの「役者の違い」を感じさせた。結局、停戦は発効したもののデバリツェボ包囲は続き、ポロシェンコは一八日に政府軍部隊に撤退を命令、要衝を放棄せざるを得なかった。

「独立のための戦い」

二〇一五年二月二〇日、キエフの独立広場で、一年前の治安部隊との大規模衝突で犠牲になった約一〇〇人のデモ参加者らを追悼する行事が開かれた。ミンスクでの和平合意で東部の親ロシア派支配地域への「特別な地位」付与を認め、さらに要衝デバリツェボまで奪われたポロシェンコに対する世論は厳しく、広場に到着したポロシェンコには「恥を知れ」の罵声まで浴びせられた。

演台に立ったポロシェンコは一年前の衝突と政変について「マイダンでウクライナ国民が戦ったのはヤヌコビッチだけではなかった。ロシアの侵略は、(ヤヌコビッチ政権がEUとの連合協定締結交渉を凍結した)一三年一一月に既に始まっていた。マイダンでの「尊厳の革命」は、われわれの独立のための戦いの最初の勝利となったのだ」と述べ、ウクライナはロシアからの独立戦争を戦っているとの認識を示した。前年五月に停戦とロシアとの共生の必要性を訴えて大統領に当選した現実主義者ポロシェンコの面影は消え、激烈な言葉が続いた。同じ日、ポロシェンコはバイデン米副大統領と電話会談し、停戦の監視のための国際的平和維持部隊派遣と、ウクライナ政府への軍事支援を要請した。

二〇日に独立広場に集まった人は数千人程度で、一年前の熱狂とは比べようがなかった。内戦とロシアからの天然ガス供給停止のためウクライナ財政は破綻寸前で、パンなど生活必需品の価格はうなぎ登りになり、政権は国民を団結させるためますます激しい対ロシア批判をするようになった。

プーチンは今後のウクライナをどう扱うつもりなのか。

「ミンスク2」合意でウクライナの領土的一体性を支持するとし、東部の親ロシア派支配地域に広範な自治権を付与することをポロシェンコに認めさせたことで、少なくともこの時点では親ロシア派支配地域を編入する考えはないことが示された。

プーチンがクリミアと違ってウクライナ東部をウクライナの一部にしておきたがるのは、ウクライナの大きな国土が全体としてロシアにとっての「緩衝地帯」でなければならないからだ。もしドネツク、ルガンスク両州の半分に満たない親ロシア派の支配地域を独立国家として認めたりロシアに編入したりすれば、ウクライナはロシアのさらなる「侵略」からの国土防衛のために最終的にはNATOに加盟することになり、親ロシア派の支配地域と残りのウクライナを分かつ線がNATO加盟国との国境となる。そうなればロシアは事実上、NATO側と西部国境で接することになってしまう。

NATOへの新規加盟には、近隣諸国との間に領土紛争を抱えていないことが必要となる。ロシアへの編入を求める親ロシア派をなだめてウクライナの国内にとどめ、この地域を通じてウクライナ中央政府の内政外交に影響力を行使するとともに、紛争の火種を残しておいてウクライナのNATO加盟を阻止するのがロシアにとっては得策だ。

しかしロシアはクリミアを編入したのみならず、ウクライナ東部の親ロシア派を支援して事実上内戦に巻き込まれてしまった。ウクライナの政権幹部らがロシアを「ファシスト」と呼び、九〇〇〇人以上の死者を出す武力紛争を経験した後では、一般市民の間でも「もうロシア人と一緒には住めない」という気分が広がった。今後、少なくとも近い将来にはウクライナに親ロシアの政権が生まれる可能性は小さい。東部の紛争がどのような形で決着するにせよ、今後のウクライナの中央政府は必然的に「脱ロシアと欧州への統合」を目指すと考えられる。ウクライナは一四年三月にCISを脱退すると表明し、一六年一月にはEUとの自由貿易協定(FTA)が発効したため、プーチンが目指してきた旧ソ連諸国の経済統合「ユーラシア経済同盟」へのウクライナ加盟の可能性もほぼ消えた。クリミアを編入したことで、ロシアは伝統的な友好国、同盟国としてのウクライナを失ったと言っても過言ではないだろう。

軍拡へ

ウクライナ危機は、プーチンが進めてきた「国防第一」路線をさらに後押しすることになった。

二〇一四年一二月一九日、プーチンは新しく完成した「国家防衛コントロール・センター」で行った国防省幹部らとの会合でクリミア編入、米国によるMD関連施設の建設や東欧でのNATOの活動活発化などを挙げて「わが国を取り巻く環境は一層複雑になっている」と指摘し、ロシアが保有するすべての戦略核兵器を強化すると述べて、ICBMを一五年に五〇基以上配備することや、米国のMDに対抗できる潜水艦発射弾道ミサイル（SLBM）「ブラバ」搭載が可能な最新鋭原子力潜水艦ウラジーミル・モノマフとアレクサンドル・ネフスキーを早期に実戦配備すること、二〇二一年までに核兵器搭載可能な戦略爆撃機ツポレフ95MSとツポレフ160全機を近代化する方針を明らかにした。ツポレフ160はNATO側で「ブラックジャック」と呼ばれ、一二の巡航ミサイルを搭載し一万キロ以上の航続能力を持つ。ソ連崩壊で生産が停止していたが、二〇一五年に生産再開が決まった。

キエフの独立広場でポロシェンコがロシアとの「独立戦争」を戦い抜くと宣言した同じ二月二〇日、プーチンはモスクワのクレムリン宮殿で行われた「祖国防衛者の日」のコンサートであいさつし、「こんにち、ロシア軍とすべての治安機関には巨大な責任がある。平和と安全保障、わが国の安定した発展に資するという責任だ。ロシアに対し軍事的優位に立とうとか、圧力をかけようというような幻想を誰にも抱かせないようにしなければならない。そのような冒険的試みに対し、われわれは必ず相応の反応をするだろう」と警告した。その上で「ここ数年、ロシア軍はその潜在的能力を十分に強化した。いかなる状況にあろうとも、軍事力強化計画は完遂されるということを強調しておく」とも述べ、欧米の制裁と原油価格急落による経済危機にあっても軍備増強は最優先で実行する決意を示した。

三月二六日の連邦保安局(FSB)幹部会での演説では、前年のウクライナ危機について「クーデターは内戦を引き起こした。わが国は和解と正常化のために努力したが、そのような独自の政策は欧米の憤慨を呼び起こした。ロシアを封じ込めるため、政治的孤立から経済的圧力まで、あらゆる手段が使われている。NATOは軍事インフラをわが国との国境で強化している。欧州とアジア太平洋地域でのMDシステム設置により、核戦力の均衡を崩そうとする試みが行われている」と指摘し、「われわれを取り巻く状況は常に変わりうる。しかしよい方向に変わるのはわれわれが常に譲歩したり、誰かにへつらったりする場合ではない。状況がよい方向に変わるのは、われわれがさらに強くなる時だけなのだ」と述べた。

「弱い者は叩かれる」「強いことが国家の安全を保障する」——この考え方をプーチンは一貫して持ち続けている。一二年の大統領職復帰前に発表した政策論文でも持論を展開した。ウクライナ危機後のプーチンは、一層この思いを強くしているようだ。

しかし原油価格急落でロシア財政は極めて厳しい状況に陥った。一五年四月の予算修正で国防費も若干の削減を余儀なくされた。それでも一五年の国防予算は約三兆一一六七億ルーブルで、一一年の約一兆五一七一億ルーブルに比べ倍増した。これは連邦予算全体の二〇・五％を占め、GDPの四・二％に当たる。通貨安による高インフレで消費は落ち込み、一五年は六年ぶりのマイナス成長となった。今後も欧米の経済制裁が続き、原油価格の急激な回復が見込めないとしたら、国防費の負担は財政に重くのしかかる。こうしたプーチンの軍備優先の姿勢は、愛国主義が高まっているロシア国内ですら「バターより大砲」(軍国主義)路線と指摘されており、このために社会福祉が後退すれば国民の不満が高まると予想される。

ウクライナ危機をめぐるプーチンの強硬姿勢の背後には、軍や軍需産業に対する「遠慮」のようなものが見て取れる。クリミア編入作戦に加わった後にウクライナ東部に移って戦火を拡大し、結果的にロシア軍をウクライナの内戦に引きずり込んだ「ドネツク人民共和国」元国防相ストレルコフの言動は、軍最高司令官のプーチンにとってすら、前線で戦う将校や兵士らの行動を完全に統制するのは至難の業だということを示している。たきつけられていったん燃え上がった「愛国心」は簡単には鎮まらず、作戦半ばで現地から引き離されたストレルコフはウクライナ東部の編入に踏み切らなかったクレムリンを「裏切り」と非難する側に回った。東部から完全に手を引けば「欧米の制裁に負けて同胞を見殺しにした」という非難を浴びることが必至で、ロシアは引くに引けない状態になった。軍事力の強化や対外強硬姿勢を繰り返し強調するプーチンの対応について、「軍部に対する配慮の側面が大きい。プーチンは外見から考えられているほど強いリーダーではない」と指摘する専門家もいる。

孤独の影

「プーチンに言及せずに歴史の教科書を書くことはできない」(ペスコフ大統領報道官)などといわれ、圧倒的な国民の支持を誇るプーチンだが、その身辺には孤独の影が目立ち始めている。

二〇一三年六月六日、プーチンはリュドミラ夫人との離婚を発表した。クレムリン宮殿の最前列でバレエ「エスメラルダ」の第一幕を鑑賞した後、二人だけで観客席の外に出てきたプーチンとリュドミラは、待ち構えていた国営テレビのインタビューに応じた。

「離婚するという話ですが」と聞かれたプーチンは微笑みながらリュドミラの顔を見て、しばらくしてから静かに「ええ、その通りです。二人で出した結論です。大統領という立場には完全に私生活がない。でも、いつも人に見られる生活を好まない人もいる」と答えた。リュドミラも穏やかな表情で「ウラジーミル・ウラジーミロビッチ(プーチンに対する敬称)は仕事に没頭していて、会うこともほとんどありませんので。本当に二人で決めたことです。夫に感謝しています。これは文明的な離婚です」と、話し合いによる円満な離別であることを強調した。

プーチンとリュドミラは一九八三年七月に結婚し、マリヤとエカテリーナの二人の娘をもうけた。しかしプーチンが二〇〇〇年の大統領選挙に立候補した際に出版された、三人の記者とのインタビュー本『第一人称で』の中で取材を受けたリュドミラは、自分の夫がサンクトペテルブルク市副市長、FSB長官、首相と日の出の勢いで出世を遂げていくことに驚きと戸惑いを隠さず、当時のエリツィン大統領が辞任してプーチンを大統領代行にし、事実上自分の後継者に指名したことを友人から聞いて、「一日中泣きました。少なくとも大統領選までの三カ月、ひどい場合は四年間、私生活はなくなってしまうとわかったからです」と答えている。

結婚前は航空会社の客室乗務員だったリュドミラは控えめな女性で、プーチンの外遊に同行することも、またロシア国内の行事に夫妻で出席することも最近ではまれだった。ゴルバチョフのライサ・マクシーモブナ夫人がファーストレディーとして夫の国内視察や外遊に同伴して時に「出しゃばり」と言われ、エリツィンのナイナ・ヨシフォブナ夫人が洗練されたファッションセンスや落ち着いた振る舞いでロシア女性の強い支持を受けたりしたことと違い、リュドミラの評判は芳しくなかった。二人の娘のプライバシーは完全に隠されている。「ロシアの守護者」とまでいわれる夫は新体操の五輪金メダリストで元下院議員アリーナ・カバエワとの「愛人説」をたびたび噂される。おそらくプーチンの大統領退任を最も歓迎したのはリュドミラだっただろうが、プーチンは「双頭体制」で首相になり、「仕事中毒」は変わらなかった。

一二年に大統領に復帰する前、「(復帰を)家族はどう考えているのか」と聞かれたプーチンは「そのことは話したくない」と、珍しく答えを拒否した。その後、大統領復帰から約一年で二人は離婚に至った。「祖国に仕えることに人生の意義を感じている」と公言するプーチンにとって、公人としての生活を嫌う妻は自分の意志を貫く上での唯一の懸念材料だったに違いない。六〇歳にして、プーチンは「家庭」から解き放たれた。

一三年八月七日、子供の頃のプーチンに故郷のサンクトペテルブルクで柔道を教えた恩師アナトリー・ラフリン氏が七五歳で死去した。ラフリンは、「私は不良だった」と述懐するけんかっ早いプーチンに自宅近くのスポーツクラブ「トルード」で柔道を教えるとともに武道の礼節をたたき込み、「私の人生に、たぶん決定的な役割を果たした。もし私がスポーツを始めなかったら、自分がその後どうなっていたかわからない。アナトリー・セミョーノビッチ（ラフリンの敬称）が、私を文字通り、裏庭から引っ張り出してくれたのだ」（プーチン）という人物だった。その後もプーチンは他のクラブから執拗に勧誘を受けるが、最後まで「トルード」を離れなかった。「柔道は単なるスポーツではない。哲学だ」とまで柔道に傾倒している黒帯のプーチンが、このトレーナーをどれほど尊敬していたかがよくわかる。

八月九日に営まれた告別式に出席したプーチンは唇を固く結んで柩に花束を捧げ、故人の顔にじっと見入っていた。外に出たプーチンは正面に停めてあった黒塗りの大統領専用車に乗らず、あわてて追いかける警護の役人らに「放っておいてくれ」と手ぶりで示し、たった一人でサンクトペテルブルクの市内を歩き出した。テレビカメラが撮影したプーチンは無表情で、前をまっすぐ向いてネバ川のほとりまで数分間歩いた。最高権力の座に就いて一三年余り、こんなことは初めてだった。

一四年末には、プーチンがかわいがっていたラブラドル犬のコニーが死んだ。この黒い犬はモスクワ郊外ノボオゴリョボの大統領公邸で飼われており、朝のトレーニングでも、外国首脳との会談の時も、いつもプーチンのそばにいた。

妻と別れ、恩師とは死別し、愛犬もいなくなった。

見えない将来像

クリミアを「取り戻し」、「プーチンなくしてロシアなし」とまで言わしめた後、プーチンの後継者は誰なのかという話題はほとんど聞かれなくなった。当の本人は二〇一四年一一月二三日に極東ウラジオストクで行われたタス通信とのインタビューで「大統領の座に永久にいるのか」と問われて、言下に「そんなことはない。国のためにならないし、私にとっても必要ない。憲法は私の任期を制限している」と答え、「一八年の立候補は可能ですよ」と言われると「その通りだが、そのことは私がそう決めたことを意味しない。国内の雰囲気や、私の気持ち次第だ」と述べ、次期大統領選が行われる一八年以降も続投する可能性を排除しなかった。

一度大統領を務め、プーチンとは違うリベラル路線を追求した後に首相に転じたメドベージェフは、再選を自ら断念したことで官僚と国民の支持を完全に失った。大統領三期目のプーチンを支える大統領府長官でKGB時代の同僚セルゲイ・イワノフは大統領と見解を共有する「代弁者」の趣があるが、プーチンと同い年で、次期大統領としては年を取りすぎている。この二人に後継の可能性があるとしても、それほど大きくはないだろう。

その一方で、一二年の大統領復帰後、プーチンに健康問題が取りざたされるようになったのも事実だ。

同年九月にウラジオストクで開いたアジア太平洋経済協力会議（APEC）首脳会議の前にプーチンは背中を痛めた。ウラジオストクでは足を少し引きずるようにして歩く姿や、会議に合わせた二国間会談の際にソファの肘掛けに座って顔をしかめている様子が目撃されており、一〇月半ばのトルコ訪問や一一月初めのインド訪問は延期された。プーチンは九月五日、極北のヤマル半島で人工飼育のツルを野生に戻す環境保護事業を視察した際、自ら白いハンググライダーに乗って親鳥の役割を演じ、若いツルの旅立ちを促していた。同年一一月一日付のロシア紙『ベドモスチ』は、プーチンがこのとき古傷を痛め、脊椎に悪影響を与えないために飛行機の搭乗を控えるよう医師から勧められていると報じた。同六日、ペスコフ報道官はプーチンが自分より体重の重い相手と柔道の練習をして負傷したが「いまはもう問題ない」と述べた。

その後しばらくはプーチンの健康が大きく取り上げられることはなかったが、一五年には三月六日から一五日まで公の場に姿を見せず、一二日から予定していたカザフスタン訪問も取りやめたことから、「病気」との見方や、死亡説まで飛び交う騒ぎとなった。オーストリア紙『クリア』は一六日、プーチンの背中に問題があり、ロシア国内でオーストリアの整形外科医の治療を受けている可能性があると報じた。スイスの大衆紙は、愛人と噂されるカバエワがちょうどこの頃、富裕なロシア人の間で人気のあるスイスの産婦人科病院で第三子を出産し、プーチンはこれに付き添っていたなどと伝えた。

結局プーチンは一六日にサンクトペテルブルクでキルギスのアタムバエフ大統領と会談した際、会談の冒頭を報道陣に公開し、騒ぎは収まった。プーチンはこのとき記者団に「ゴシップでもなければつまらないでしょう」と冗談を飛ばした。

しかしこの騒ぎは、プーチンがたった一〇日間ほど姿を見せないだけで動揺するロシアの現状を見せつけた。「プーチンがいなければロシアもない」とは最高の褒め言葉だが、裏を返せばプーチンの代わりが務まる人材はいない、ということでもある。

プーチンは一五年一〇月七日で六三歳になった。もし一八年の大統領選で再選され六年の任期を全うすれば、任期の終わりには七一歳だ。そしてその時に本人が仮に健康だったとしても、別の人物が大統領になることをロシア国民が受け入れるか、あるいは状況が許すかどうかはわからない。

クリミア編入後、愛国主義的雰囲気が頂点まで高まったロシアでは、政権に異論を唱える人物を排除する傾向がますます強まっている。経済は、国際的な原油価格が再び上昇しない限り回復が難しい。欧米の対ロ制裁は、プーチンが「クリミアの返還はあり得ない」と語っている以上、一方的解除は見込めない。プーチンが強調している「経済構造の多角化」や国内産業の育成は既にプーチンの大統領任期二期目から必要性が指摘されながら実現していない課題であり、短期間での解決はまず不可能だ。その間、国民や官僚たちはプーチンの元気な姿を見て、「すべてはうまくいく」という言葉に安堵し、厳しい対欧米批判に溜飲を下げ続けるだろう。だが、改革が本当にうまくいくのかどうか、ウクライナ危機で決定的に悪化した欧米との関係を修復することができるのか、そしてプーチンの後を継いでこの大国を統率できる人物は現れるのか。ロシアの将来像ははっきりしない。

シリア空爆に踏み切る

ロシアは二〇一五年九月三〇日、内戦が続くシリアで過激派組織「イスラム国」（ＩＳ）を標的とする空爆を開始した。プーチンが国連創設七〇年に合わせて一〇年ぶりに国連総会に出席し、一般討論演説で「欧米の支援を受けた、いわゆる穏健な反体制派はＩＳに兵員を補充する源となっている。今、アサド政権軍とクルド人義勇兵部隊のほかにＩＳと戦う勢力はいない。シリアの政権と協力しないのは大きな間違いだ」と指摘して、今こそ七〇年前に各国が反ヒトラーの立場で団結し国連を創設した例にならって、広範な国際的反テロ連合を結成すべきだと訴えてから、わずか二日後のことだった。

二八日に国連総会でプーチンより先に演説したオバマは、ロシアのクリミア編入をあらためて非難するとともに、シリアのアサド大統領は「無実の子供たちの頭上に爆弾を投下する暴君」だと断じ、アサド退陣は譲れないとの立場を示していた。二人は演説終了直後、ウクライナ危機発生後初めての本格的な首脳会談に臨んだが、アサド政権を含めた反テロ連合を呼び掛けたプーチンに対し、オバマはアサド政権が存続すればシリアの安定はないと主張し、議論は平行線のまま終わった。この席でロシアはＩＳへの空爆に参加する可能性があるとオバマに直接伝えたプーチンは、ニューヨークからロシアに帰国するや安全保障会議を招集し、ロシア軍の国外での軍事行動に必要な許可を上院に求めた。シリア西部ラタキアの空軍基地に既に配備されていたスホイ25などのロシア空軍機約五〇機がハマ、ホムスなどの軍事拠点を集中的に攻撃したのはその数時間後だった。

プーチンの「反ＩＳ大連合」提案には、欧米とロシアの利害が一致する「国際テロとの戦い」で協力することにより、ウクライナ危機で生じた亀裂を修復しようという意図があった。だが、オバマが提案に乗らなかったことを受け、プーチンは直ちに空爆に踏み切った。ロシアは米国の同意がなくても行動するという明確な意思表示だった。アサド政権に敵対する「有志連合」でＩＳ拠点を空爆する一方、地上戦はせずシリア反体制派に軍事訓練を与えてＩＳと戦わせるという中途半端な米国の対シリア政策がうまくいかず、大量のシリア難民流入で四苦八苦する欧州などの不満が高まっている「国際世論」を背景にした、計算されたタイミングでもあった。

ロシアは一〇月七日に巡航ミサイル二六発をシリア領内のＩＳの拠点に撃ち込み、すべてが命中したと発表した。ロシアが巡航ミサイルを実戦使用したのは初めてだった。シリアから一五〇〇キロ離れたカスピ海上の巡洋艦四隻からの発射は、ロシアも米国並みに精密誘導兵器を保有したことをＮＡＴＯ側に見せつける意図があったと受け止められている。プーチンは同二〇日にモスクワを予告なしに訪問したアサドと会談し、アサド支援の姿勢を鮮明にするとともに、シリア正常化に向けたロシアの影響力を誇示した。空爆開始後のロシアの世論調査ではプーチンの支持率が過去最高の八九・九％に達した。

『グローバル政治の中のロシア』誌の編集長ルキヤノフは、ロシアのシリア空爆は一九八九年のソ連軍のアフガニスタン撤退以来ほぼ四半世紀ぶりに旧ソ連の影響圏外で行われた戦略的な軍事行動であり、これによってロシアは国外への派兵に慎重な「アフガン症候群」を克服したと指摘した。ルキヤノフは、行動の舞台を「欧州の辺境」ウクライナから国際的関心が集まる中東に移して「自分が他国に従うのではなく、他国を自分のイニシアチブに従わせる」可能性があるとみたプーチンの「政治的勘」が働いたと分析した。その一方で「現代の戦争は始めるのはたやすいが、終わらせるのが難しい」とし、情勢安定のための外交努力を並行させ、シリアでの戦争から早期に手を引くことができなければ、やがて国内の「熱狂」は冷め、プーチン政権は内外で深刻な問題に直面するだろうと警告した。ＩＳは空爆の前からプーチン打倒を呼び掛けており、軍事介入によってイスラム教スンニ派による報復テロが起きることが懸念された。

実際、一五年一〇月三一日にはエジプトのシナイ半島からサンクトペテルブルクに向かっていたロシアの旅客機が墜落、乗っていたロシア人旅行者ら二二四人全員が死亡し、ＩＳが、シリア空爆への報復だとする犯行声明を出した。

同年一一月二四日にはＮＡＴＯ加盟国トルコが、領空侵犯を理由に、シリア空爆に参加していたロシア軍のスホイ24爆撃機を撃墜し、乗っていたパイロットら二人が死亡した。プーチンはトルコを「テロリストの共犯者」と非難し、トルコ国民へのビザ免除の停止や、トルコ企業のロシアでの活動制限などの制裁を発動した。またシリア国内のロシア軍事拠点に最新鋭地対空ミサイルシステム「Ｓ４００」を配備し、シリアの制空権を握る構えを見せた。事件は、シリアを足がかりに中東での影響力拡大を狙うロシアの野心とともに、ロシアが国外で軍事介入を続ければ、ウクライナ危機後に対ロ警戒を強化したＮＡＴＯ側と偶発的に衝突する危険が常にあるという現実を見せつけた。

旧ソ連圏の地殻変動

ロシアがソ連崩壊後も「盟主」として振る舞ってきた旧ソ連圏でも、地政学上の地殻変動が起きている。クリミアを編入され東部で親ロシアの分離独立派と戦うウクライナは「脱ロシア」を加速させた。ロシアがウクライナ東部を侵略していると訴えるポロシェンコ大統領は二〇一五年九月の国連総会演説で、ロシアが安保理の拒否権を「犯罪の恩赦のために使っている」とまで述べて非難し、ロシア離れを印象づけた。

ティモシェンコは相変わらず意気軒昂だ。同年一〇月の地方選挙では「ウクライナには多党制が必要だ」と訴え、一部の地方では善戦した。しかし同じ月、大統領府のウェブサイトには、ティモシェンコを中米ホンジュラスの大使に任命して事実上ウクライナ政界から排除するよう求める請願に、二万五〇〇〇人分の署名が集まった。

ロシアに亡命したヤヌコビッチは悲劇に見舞われた。偽名のパスポートでロシアに滞在していた次男のビクトルが一五年三月、シベリアのバイカル湖で氷上を走っていた車と共に水中に沈み、三三歳の若さで死亡した。遺体は故郷ウクライナには埋葬できず、ロシアが編入したクリミア半島セバストポリに葬られた。ひっそりと行われた葬儀にはヤヌコビッチも立ち会ったが、息子の死に関する発言は伝えられていない。

中央アジア五カ国では、特に経済分野で中国の影響力拡大が顕著だ。ウズベキスタン、カザフスタンではソ連時代末期から権威主義的統治を続ける高齢のカリモフ大統領とナザルバエフ大統領がいずれも後継問題を抱え、最高指導者の健康が政治的不安定に直結する恐れがある。旧ソ連地域からＩＳに加わるためシリア、イラクに渡航した人は四〇〇〇人を超しており、イスラム教徒が多数を占める中央アジアで世俗の権力が揺らいだ場合、宗教的過激派が急速に台頭する危険がある。

国際社会の中のロシア

最後に、ウクライナ危機後のロシアと国際社会との関係について、中東専門のジャーナリスト出身で外相などの要職を歴任し、二〇一五年六月に八五歳で死去したロシア政界の重鎮エヴゲニー・プリマコフ元首相の意見を紹介したい。

プリマコフは一五年一月一三日の講演で、前月の一四年一二月の大規模記者会見で「最悪でも二年で危機を脱することができる」としたプーチン発言について「つまり二年間のうちに経済の多角化に集中的に取り組むこと、別の言葉でいえば、資源依存体質からハイテク産業への転換が必要だ。われわれは二五年近くも無駄に過ごしてしまった」と指摘し、いまこそこの課題に真剣に取り組まなければならないと訴えた。

ウクライナ危機についてプリマコフは、独立の傾向を強める親ロシア派が支配する東部をウクライナの一部としてとどめておくことがロシアにとって「必要だ。この条件でのみ危機を解決できる」と明言し、ミンスク合意の不履行を理由に東部にロシア正規軍を投入することは「絶対にしてはならない。米国が全欧州を支配下に収めるためにそれを口実として利用するだろう。米国を利するだけだ」と言い切った。

ウクライナ危機の後によく聞かれるようになったロシアの「アジア重視」について「経済的に発展を遂げている地域を無視するのは賢明ではないということ」であって、ロシアにとってはやはり米国、欧州との関係正常化がまず重要だと指摘した上でプリマコフは、「人類にとっての真の脅威であるテロや麻薬密輸、紛争防止などの分野における米国やＮＡＴＯ加盟諸国との協力に扉を開けておく必要がある。そうしなければロシアは大国としての地位を失うことになるだろう」と強調した。

第二次世界大戦後のソ連・ロシアを支えてきた基本は、「国連重視」「エネルギー資源」「核兵器」の三本柱だったといってよい。ソ連がナチス・ドイツと正面からぶつかり、首都モスクワ近郊や南部スターリングラードまで攻め込まれて多大な犠牲を出しながら、最後は侵略軍を押し返してナチスを壊滅させた事実は、ソ連とその継承国ロシアに国連安全保障理事会の常任理事国という特別な地位を与え、国連加盟国が国連の枠組みと国際法を順守している限り、ロシアが反対する主権国家への武力行使はできないはずだった。ところが冷戦終結とソ連崩壊によるロシアの国力低下に伴って米国が「単独行動主義」に走るようになり、欧米による安保理決議なしの武力行使と「レジームチェンジ」(体制転換)を何度も見せつけられたロシアは、「拒否権を行使すればロシアが反対する武力行使はできない」という、戦勝国側の大国としての特権的地位を失いつつある。

「核兵器」が戦後七〇年間、ソ連とロシアの安全保障を支えてきた中核であったことはいうまでもない。しかしロシアの視点からすれば、イランや北朝鮮のミサイルの脅威を理由に、米国が東欧諸国や日本、韓国などと協力して構築を進めているＭＤ構想は、ロシアの国境近くに迎撃ミサイルやレーダー、または迎撃ミサイル搭載のイージス艦を配備することでロシアの核戦力を無力化し、厳しい冷戦の最中も米ソあるいは米ロ間の戦争を抑止してきた核戦力の均衡状態を崩すことを意図しているものとしか見えない。

さらにソ連崩壊後にどん底に落ち込んだロシアの経済を立て直して国民生活の向上と軍近代化を可能にした「資源」輸出の分野も、原油価格の突然の急落に遭い、大統領の一―二期目で高度成長を成し遂げた「プーチンの神話」は過去のものとなりつつある。仮に一四年秋に起きた原油価格急落がなかったとしても、米国の「シェールガス革命」やシェールオイルの増産により、原油生産量(一三年)がサウジアラビアに次ぐ世界第二位、天然ガス確認埋蔵量(同)でもイランに次ぐ世界第二位という、エネルギー資源大国としてのロシアの地位は脅かされ始めていた。加えて、ウクライナ危機に伴いロシア産天然ガスへの依存から脱却しようとの欧州先進国の決意は決定的となり、これ以上の市場拡大は困難になった。ロシアにとって、国を支えてきた三本柱が崩れつつあるのだ。ロシアの政権中枢で、このことを誰よりも危惧しているのがプーチンだろう。

クリミア編入後、核兵器に関するプーチンの発言が目立つ理由もここにありそうだ。ウクライナの政変の際に核兵器を使用する準備ができていたとの発言に続き、プーチンは一五年四月一六日の「テレビ国民対話」では「ロシアは巨大な潜在力と資源を持つ、偉大な核保有国だ。

……われわれは国際社会の誰も敵とはみなしていないし、われわれを敵とみなすことは誰にもお勧めしない」と述べた。

プーチンに米国による国連軽視やMD推進を繰り返し非難させ、「ロシアは核大国だ」という牽制の言葉を言わせるのは、このままでは自身の政権がようやく回復しつつある「大国」の地位を再び失いかねないという強い危機感だ。安保理の拒否権や原油価格と違い、核兵器はいまプーチンの手の中にある最後のカードといってよい。プーチンは今後も、予算の許す限り現存の核戦力の維持と増強を図り、ことあるごとに「ロシアには核兵器がある」と言い続けるに違いない。現代の指導者の「影響力」の第一に経済力を挙げるプーチンにとって核兵器にカネをつぎ込むのは決して本意ではないだろうが、最も重視する国家の安全保障が脅かされているとの認識がプーチンにある以上、これは「やむを得ない選択」であり、そうさせているのはほかならぬNATOの側だということになる。ロシアが「追い詰められている」と感じる状況を変えない限り、欧米とロシアの不毛な対立は続く。関係正常化の責任はもちろんクリミア編入を強行したロシアにもあるが、冷戦終結後に「何度も欺かれてきた」という失望と強い不信感をロシアに与えた欧米の側にも一定の責任があるように思う。

プリマコフが指摘したように、欧米とロシアが協力して解決しなければならない「本当の脅威」が世界には存在する。それはＩＳのような狂信的テロ組織の拡大であり、ますます深刻になっている地球温暖化問題であり、国際的に広がる経済格差や不公正の問題である。経済のグローバル化によって、これらの問題は以前のように地域限定ではなく、文字通り地球規模で取り組まなければ解決できない課題となっている。欧米とロシアが対立を続け、国際的な協力ができずにいるうちに、これらの「病気」は深刻化していく。ウクライナの主権侵害は放置できない問題ではあるが、米ロが一年以上も事実上の「代理戦争」を続け、多くの民間人を含む九〇〇〇人以上の死者が出てしまった以上、まず戦闘を完全に終わらせた後、時間はかかっても紛争の政治的解決を目指すほかに道はない。その間に、利害の一致する問題に共同で対処する作業に取りかからなければ、単に相手を非難し制裁の応酬をしていても物事は前に進まない。

米国で新しい政権が誕生する二〇一七年までオバマ米政権の対ロシア政策転換が難しいとすれば、「ミンスク２」合意にこぎ着けたドイツとフランスにロシアとの橋渡しを期待するしかない。二〇一六年五月に「伊勢志摩サミット」を開催し、Ｇ７の一角として対ロ制裁に加わりながらプーチン訪日を模索する日本も、外交上の立ち位置を試される。

おわりに

ロシア第二の都市サンクトペテルブルクのセラフィモフスコエ墓地を訪れたのは二〇一二年一二月の雪の日だった。広い墓地の奥まったあたりに「主よ、御心が行われますように」と刻まれた、人の背丈ほどの黒い十字架が立っている。プーチン大統領の両親の墓だ。

プーチンの母マリヤは一九九八年七月に、父ウラジーミルは翌九九年八月に亡くなった。プーチンは二人の間の唯一成人した子供だった。夫妻は大戦をかろうじて生き延びて戦後に三人目の子供をもうけ、息子が大統領になることを知らずに他界した。

父が亡くなった際、当時のエリツィン大統領から首相に任命されたばかりのプーチンは墓前で「ソ連の復活」を誓ったといわれる。墓碑に刻まれた祈りの言葉は、熱心な共産党員だった父に隠れて幼い息子に洗礼を受けさせた母親譲りの信仰心の現れだろう。ソ連の崩壊を招いた共産党のイデオロギーを忌み嫌い、米国と対峙した「超大国」ソ連に郷愁を抱く一方、ソ連時代には否定されていたキリスト教信仰を隠そうとしない――。両親の墓は、プーチンという人

サンクトペテルブルクにあるプーチンの両親の墓(著者撮影)

の複雑な内面を表しているように思える。

プーチンはナチス・ドイツとの死闘に勝利したことを祝う戦勝七〇周年記念式典が行われた二〇一五年五月九日、クレムリン脇の「赤の広場」で恒例の軍事パレードの後に行われた市民の大行進に、水兵の制服を着た父の遺影を持って参加した。

クリミア編入で国際的非難を浴びる中で迎えた、第二次世界大戦の勝利から七〇年を記念する特別な日に、大戦に参加した親族の写真を掲げて赤の広場を行進しようというこの企画「不滅の連隊」には、当局の予想をはるかに上回る約五〇万人の市民が参加し、地下鉄ベロルスカヤ駅と広場をつなぐトベルスカヤ通りの約四キロは数時間にわたって川のように流れる人の波で埋め尽くされた。背広姿で行進の先頭に立ったプーチンはテレビの取材に「戦争に参加した人々はみな、復員して赤の広場を歩くことを夢見ていたが、かなわなかった。きょうは父の写真と一緒に行進できて幸せだ」と話した。

重傷を負いながらも生き延びたプーチンの父と違い、行進に参加した人々が遺影を掲げた兵士の大半は、突然侵攻してきたドイツ軍から祖国を守るために戦地に赴き、二度と戻らなかった。首都での異例の大行進を国民の団結を狙った官製デモと見ることもできるが、当局の動員だけではこれほどの人数が参加することはなかっただろう。当時のソ連で七人に一人が犠牲になったともいわれる大戦の惨禍は、ロシアの人々の心に決して忘れることのできない「民族の記憶」として深く刻まれている。

こうして大衆の中にいる時、プーチンは普段より生き生きとしているようにみえる。九〇%に近い驚異的な支持率の背景には、政治的安定や経済成長などの実績のほかに、プーチンが「国民との対話」に長じ、人々が何を欲しているかを敏感に感じ取っていることがある。ロシアの政財界を牛耳っていた新興財閥の排除、徹底したテロ対策、ロシア愛国主義の鼓舞、民主主義や人権問題で対ロ批判を繰り返す米国への厳しい対応などがそうだ。クリミア編入もその一つといえよう。欧米の非難や重い経済的代償を覚悟の上で、プーチンは密かにロシア軍部隊を派遣して実効支配を固め、ロシア人が「父祖伝来の土地」と考えるクリミア半島を「取り戻し」た。たとえ大きな困難があろうとも国民はこの決断を支持してくれるという確信があったからだ。

そういう意味で、プーチンはいわゆる「独裁者」ではない。内政外交の決定には指導者自身の気まぐれや、プーチンの個人的利益を優先したものは見当たらず、常に国民の目や世論調査の支持率を気にしながら慎重に政策判断を行っている。

一方、ロシアを取り巻く国際的環境は年々厳しさを増している。北大西洋条約機構（NATO）は東方拡大を続け、旧ソ連圏のグルジアやウクライナの将来の加盟もあり得ない状況ではなくなった。クリミア編入でロシアは経済制裁を科され軍事的脅威は増大しているが、主要輸出品である原油の国際価格下落のため経済成長は見込めなくなり、軍備増強につぎ込める予算は限られている。財政赤字の補填のために年金支給年齢の引き上げが議論されているが、生活に直結する不人気な決定を国民が受け入れるかどうかわからない。

ロシアはウクライナ危機とシリア空爆で、ソ連崩壊の遠因になったといわれるアフガニスタン侵攻の失敗以来封印してきた国外での本格的な軍事作戦を「解禁」した。シリア空爆開始後の二〇一五年一〇月二二日、プーチンは恒例の「ワルダイ会議」の講演でトルストイの長編小説『戦争と平和』の一節を引きながら「平和は人類の理想ではあるが、積もり積もった対立の解消はしばしば戦争を通じて追求された。戦争は新たな戦後秩序を構築した」「現実を見つめようではないか。軍事力は今後も長い間、国際政治の道具として使われ続けるだろう」と述べた。ウクライナ危機後、プーチンは国益を守るためには国外への派兵と武力の行使も辞さないという姿勢をはっきりと見せ始めた。

半面、ロシアはアフガニスタン、イラクでの戦争からなかなか手を引けず苦しんだ米国と同様、出口戦略の策定を迫られる立場になった。特にウクライナ東部紛争への関与をいかに終わらせてウクライナとの正常な関係を取り戻すかは、ウクライナがロシアにとってほとんど一体といってよいほどの深い歴史的、経済的、民族的絆を持つ国であるだけに、今後のロシアの命運を左右する重大さを帯びている。また、世界最大の軍事大国である米国との早期の関係正常化なしにロシアの安全保障の確保が困難であることはいうまでもないが、当面はその見通しが立たない。

留学時代を含めて通算八年半に及ぶモスクワ生活で筆者が感じた印象は、ロシア人は「変化を恐れる国民」だということだった。生活習慣、言葉、仕事に対する態度など、ロシア人は伝統的なもの、古いスタイルを大切にする。決められたルールをなかなか変えたがらない。外国からの侵略、戦争、社会主義革命など動乱の歴史を経験したせいか、特に政治に関しては、変化は「今よりよくなる」のではなく「もっと悪くなる」というのがロシア人一般のとらえ方のようだ。四—八年に一度、大統領が代わるごとに政権や省庁の幹部が大幅に入れ替わる米国などと違い、平穏な生活が維持されるならソ連でもプーチンでも構わない、といった「超」安定志向がロシア人にはある。変革を求める野党は常に少数派だ。

しかし二〇〇〇年に四七歳の若さでロシア大統領に就任したプーチンも、次期大統領選が行われる二〇一八年には六〇代の半ばを迎え、その統治は通算一八年に及ぶ。そうなれば「プーチンはいつまでロシア国民の支持を維持できるのか」ではなく、「ロシア国民はいつまでプーチンに頼り続けることができるのか」が問題になってくるだろう。国家のリーダーを国民の投票で選ぶ民主主義という制度は短期的に見れば非効率かもしれないが、候補者が政策で競い合う真の政治的競争なしに政権を継続させていれば、いつかやってくる指導者の交代を円滑に、平和裏に行うことが難しくなる。政権が大手メディアを事実上支配下に置いて政権批判を抑え込んでいれば健全な野党は育たず、プーチン以外の選択肢はいつまでたっても現れない。ロシア国民はいずれ、それが国にとって真の利益なのかを自らに問わなければならなくなる。

プーチンの感覚は一般のロシア人とはやや違っている。二〇一〇年九月に視察先の極東・沿海地方でクジラ撃ちをした時、波が高く雨も降る中に小さなゴムボートでクジラを追い、記者団から「危ないとは思わなかったのか」と聞かれたプーチンは「人生には危険がつきものだ」と答えた。政治的には保守だが、ハンググライダーに乗ったり世界最深のバイカル湖に潜水艇で潜ったりと、およそ大国の大統領なら周囲が許さないようなことをやりたがるプーチンには、自分が熱中できることならリスクを顧みずに挑戦する傾向がある。ウクライナ危機でも、彼以外のロシア大統領なら絶対に避けたであろうクリミア編入という危険な橋をあえて渡った。米国という最強の相手に対抗するプーチンは、これからも国際政治の舞台で目が離せない存在であり続けるに違いない。

ウクライナ危機はロシアや米国だけでなく、日本にもさまざまな課題を突きつけている。その一つが「国家の独立とは何か」という問いだ。ソ連崩壊という混乱の中でウクライナが「棚ぼた」式に手にした独立は真の独立ではなく、エネルギー資源や安全保障をロシアに依存し続ける、形だけの独立だった。国内は親欧米派と親ロシア派に分裂して対立を続け、キエフでの流血の政変をきっかけにロシアの介入を招いた。ロシアの軍事基地が存在したクリミア半島はあっさりロシアに編入され、東部では独立を求める親ロシア派と政府軍の紛争が続いている。

ロシアとの間に北方領土問題を抱える日本の安倍政権は対ロ関係を悪化させたくないと思いながら欧米と歩調を合わせて対ロ制裁に加わり、ロシアの反発を招いた。国連安全保障理事会の常任理事国入りを悲願とする日本の姿勢について「安保理を拡大する場合は、他国に依存する国ではなく独立した国でなければならない」というロシア側の指摘は重大な意味を持っている。日本ではとかく日米関係の優先を当然と考えがちだが、「米国追従の日本は真の独立国といえるのか」「何が日本にとっての国益なのか」という問い掛けは、米国の圧倒的な地位が低下し中国が台頭するなど、国際秩序が大きく変化する中、再考に値する。

前著『プーチンの思考』(二〇一二年)ではプーチンという人は何者なのか、何を目指しているのかについて考察した。本書はその後に起きたロシアの電撃的なクリミア半島編入を軸に、「戦後七〇年」の世界の大きな変動と、その中で「プーチンのロシア」が果たした役割についてまとめたものである。その意味で本書は『プーチンの思考』の続編であり、前著と合わせてお読みいただければ、プーチンと現代ロシアについての理解がさらに深まると思う。

本書の出版に当たっては岩波書店の小田野耕明さんと柿原寛さん、同社新書編集部の安田衛さんに大変お世話になった。深く感謝したい。

二〇一六年一月　東京にて

佐藤親賢

「ロシアとプーチン政権の歩み」関連略年表

1991.	8.	ソ連共産党保守派のクーデター未遂事件
	8.24	ウクライナがソ連からの独立を宣言
	12.	ゴルバチョフ大統領が辞任．ソ連消滅
1993.	10.	エリツィン大統領が反対派の牙城だった最高会議を武力制圧し廃止
	12.	大統領権限を強化する新憲法採択
1994.	7.	ナポリでの先進国首脳会議(G7 サミット)政治討議にロシアが参加
1996.	7. 3	エリツィン大統領再選
1997.	6.	米国でデンバー・サミット，ロシアが主要国(G8)首脳会議の正式メンバーに
1998.	8.	ロシア金融危機発生
1999.	8.	エリツィン大統領がプーチン連邦保安局長官を首相に任命
	9.	モスクワで爆弾テロ相次ぎ死傷者多数。ロシア軍がチェチェン共和国に進攻し本格的な武装勢力掃討作戦開始
	12.31	エリツィン大統領電撃辞任，プーチン首相が大統領代行兼任
2000.	3.26	プーチンがロシア大統領に初当選
	5. 7	プーチン大統領就任
2002.	10.	モスクワ劇場占拠事件．約 130 人が犠牲に
2004.	3.14	プーチン大統領再選
	9.	ロシア・北オセチア共和国ベスランで学校人質事件，約 330 人が犠牲に
	11.～12.	ウクライナで「オレンジ革命」．親欧米政権誕生が確定
2006.	7.	ロシアがサンクトペテルブルクで G8 首脳会議初開催

2007.12.	プーチン大統領がメドベージェフ第1副首相を後継指名
2008. 3. 2	メドベージェフが大統領当選
5.	メドベージェフ大統領就任，プーチンが首相に
8.	南オセチアをめぐりロシアとグルジアが軍事衝突
2011. 9.	メドベージェフ大統領が再選断念を表明
2012. 3. 4	プーチンが3度目の大統領当選
2014. 2.	南部ソチでロシア初の冬季五輪開催
2.18〜20	ウクライナ・キエフの独立広場でデモ隊と治安部隊が大規模衝突し，3日間で100人以上が死亡
3.	ロシアがウクライナのクリミア半島を編入．G7がロシアをG8会合から排除すると決定
4.	ウクライナ東部の親ロシア派が「ドネツク人民共和国」「ルガンスク人民共和国」樹立を宣言，ウクライナ政府軍と戦闘に
7.17	ウクライナ東部の親ロシア派支配地域でマレーシア航空機撃墜
9. 5	ロシア，ウクライナ，ドイツ，フランスの首脳がベラルーシのミンスクでウクライナ和平を協議，「ミンスク合意」採択
2015. 2.12	ミンスクで4カ国首脳が再会談，「ミンスク合意」の履行で一致
9.28	プーチン大統領が国連総会で反「イスラム国」大連合を提唱
9.30	ロシアがシリアで空爆開始
10. 31	エジプト・シナイ半島でロシア旅客機が「イスラム国」の爆破テロで墜落，224人が死亡

主要参考文献

『プーチン，自らを語る』N・ゲヴォルクヤンほか著(高橋則明訳)，扶桑社，2000年
『物語　ウクライナの歴史』黒川祐次著，中公新書，2002年
『クリミア戦争』(上・下)オーランドー・ファイジズ著(染谷徹訳)，白水社，2015年
『[新版]ロシアを知る事典』川端香男里ほか監修，平凡社，2004年
『ロシア・ソビエトハンドブック』東郷正延ほか編，三省堂，1978年
『クレムリンの5000日』エヴゲニー・プリマコフ著(鈴木康雄訳)，NTT出版，2002年
『プーチンはアジアをめざす』下斗米伸夫著，NHK出版新書，2014年
『世界年鑑』　共同通信社

«От первого лица. Разговоры с Владимиром Путиным», Н. Геворкян, А. Колесников, Н. Тимакова, ВАГРИУС, 2000 г.
«О сопротивлении злу силою», И. А. Ильин, Айрис пресс, 2005 г.
«Первый украинский», А. Колесников, ВАГРИУС, 2005 г.
«Оранжевая принцесса», Д. Попов, И. Мильштейн, Издательство Ольги Морозовой, 2006 г.

佐藤親賢

1964年埼玉県生まれ．東京都立大学法学部卒業．

1987年共同通信社入社．1996〜97年モスクワ大学留学．東京本社社会部，外信部を経て2002〜03年プノンペン支局長．同年12月〜07年2月モスクワ支局員．08年9月〜12年12月モスクワ支局長．現在，編集局外信部次長．

著書—『プーチンの思考——「強いロシア」への選択』(岩波書店)

プーチンとG8の終焉　岩波新書(新赤版)1594

2016年3月18日　第1刷発行

著　者　佐藤親賢《さとうちかまさ》

発行者　岡本　厚

発行所　株式会社　岩波書店
〒101-8002 東京都千代田区一ツ橋 2-5-5
案内 03-5210-4000　販売部 03-5210-4111
http://www.iwanami.co.jp/

新書編集部 03-5210-4054
http://www.iwanamishinsho.com/

印刷・理想社　カバー・半七印刷　製本・中永製本

ISBN 978-4-00-431594-0　Printed in Japan

岩波新書新赤版一〇〇〇点に際して

ひとつの時代が終わったと言われて久しい。だが、その先にいかなる時代を展望するのか、私たちはその輪郭すら描きえていない。二〇世紀から持ち越した課題の多くは、未だ解決の緒を見つけることのできないままであり、二一世紀が新たに招きよせた問題も少なくない。グローバル資本主義の浸透、憎悪の連鎖、暴力の応酬――世界は混沌として深い不安の只中にある。

現代社会においては変化が常態となり、速さと新しさに絶対的な価値が与えられた。消費社会の深化と情報技術の革命は、種々の境界を無くし、人々の生活やコミュニケーションの様式を根底から変容させてきた。ライフスタイルは多様化し、一面では個人の生き方をそれぞれが選びとる時代が始まっている。同時に、新たな格差が生まれ、様々な次元での亀裂や分断が深まっている。社会や歴史に対する意識が揺らぎ、普遍的な理念に対する根本的な懐疑や、現実を変えることへの無力感がひそかに根を張りつつある。そして生きることに誰もが困難を覚える時代が到来している。

しかし、日常生活のそれぞれの場で、自由と民主主義を獲得し実践することを通じて、私たち自身がそうした閉塞を乗り超え、希望の時代の幕開けを告げてゆくことは不可能ではあるまい。そのために、いま求められていること――それは、個と個の間で開かれた対話を積み重ねながら、人間らしく生きることの条件について一人ひとりが粘り強く思考することではないか。その営みの糧となるものが、教養に外ならないと私たちは考える。歴史とは何か、よく生きるとはいかなることか、世界そして人間はどこへ向かうべきなのか――こうした根源的な問いとの格闘が、文化と知の厚みを作り出し、個人と社会を支える基盤としての教養となった。まさにそのような教養への道案内こそ、岩波新書が創刊以来、追求してきたことである。

岩波新書は、日中戦争下の一九三八年一一月に赤版として創刊された。創刊の辞は、道義の精神に則らない日本の行動を憂慮し、批判的精神と良心的行動の欠如を戒めつつ、現代人の現代的教養を刊行の目的とする、と謳っている。以後、青版、黄版、新赤版と装いを改めながら、合計二五〇〇点余りを世に問うてきた。そして、いままた新赤版が一〇〇〇点を迎えたのを機に、人間の理性と良心への信頼を再確認し、それに裏打ちされた文化を培っていく決意を込めて、新しい装丁のもとに再出発したいと思う。一冊一冊から吹き出す新風が一人でも多くの読者の許に届くこと、そして希望ある時代への想像力を豊かにかき立てることを切に願う。

（二〇〇六年四月）